Hans-Christian Kirsch

Martin Buber

Hans-Christian Kirsch

Berlin, Nov 2001

HERDER spektrum
Band 4812

Das Buch
Er war ein „Grenzgänger" und „Wanderer zwischen den Welten", eine faszinierende Persönlichkeit und ein „gläubiger Humanist" – Gelehrter, Publizist, Zivilisationskritiker, Pädagoge, Politiker und Schriftsteller in einem. Stets ging es Martin Buber darum, Verständnis und Sinn zwischen den großen Religionen zu stiften und die Begegnung des Menschen mit den anderen Menschen, mit seiner natürlichen Umwelt, mit der geistigen Wirklichkeit und mit Gott bewußter zu gestalten. Heute ist sein Werk Grundlage und Aufforderung zu einem interreligiösen und interkulturellen Weltgespräch, das im 21. Jahrhundert für die Bewältigung globaler Krisen von entscheidender Bedeutung sein wird: Aus der Philosophie der Zwischenmenschlichkeit sowie aus dem unmittelbaren Dialog des Menschen mit Gott leitet Buber eine Verantwortung des Menschen für seine Welt ab.
Hans-Christian Kirsch erzählt in der Art eines Entwicklungsromans das Leben Martin Bubers (1878–1965) und gibt Einblick in die zeitgeschichtlichen Umstände und Auseinandersetzungen – und vor allem in seine Friedensarbeit zwischen Deutschland und Israel sowie zwischen Juden und Arabern nach 1945.
So entsteht – mit vielen Originalzitaten – das authentische Bild eines außerordentlich vielseitigen Menschen, für den Erkenntnis nicht Wissen ist, sondern Sein – das wunderbare, letztlich unergründliche Sein der Menschen, deren Zukunft davon abhängt, „zueinander wahrhaft Du" und „miteinander wahrhaft Wir" sagen zu können.

Der Autor
Hans-Christian Kirsch, Jahrgang 1934, hat unter seinem Pseudonym Frederik Hetmann zahlreiche Biographien, u. a. von Georg Büchner, Francisco de Goya, Martin Luther King und Che Guevara, verfaßt. Er schrieb phantastische und historische Romane, sowie zahlreiche Jugendbücher, für die er zweimal mit dem Deutschen Jugendliteraturpreis ausgezeichnet wurde. Bei Herder Spektrum u. a.: Eine Kerze, die an beiden Enden brennt. Das Leben der Rosa Luxemburg (4641) und Siddhartas Weg. Die Geschichte vom Leben und der Lehre des Buddha (4594).

Hans-Christian Kirsch

Martin Buber

Biographie eines deutschen Juden

Herder

Freiburg · Basel · Wien

Gedruckt auf umweltfreundlichem,
chlorfrei gebleichtem Papier

Originalausgabe

Umschlaggestaltung und Konzeption:
R·M·E München / Roland Eschlbeck, Liana Tuchel
Umschlagmotiv: © Tita Binz (in: Gerhard Wehr:
Martin Buber in Selbstzeugnissen und Bilddokumenten,
Rowohlt Taschenbuch Verlag, Reinbek 1968)
Satz: Barbara Herrmann, Freiburg
Druck und Bindung: Freiburger Graphische Betriebe 2001
ISBN 3-451-04812-4

„Oj, wi fajn wet ess sajn
As Moschiach wet kumen zu gejn ..."
„Oh, wie fein wird es sein,
wenn der Messias kommt."

Jiddisches Volkslied

„Herr, erlöse Israel, aber wenn du nicht willst, so erlöse wenigstens die Goyim!"

Ausruf der Chassiden

Dieses Buch ist Hai und Topsy Frankl,
den Sängern des jiddischen Liedes,
in Freundschaft gewidmet

Inhalt

I. Teil

1878–1914:
Unruhiges Suchen

1
Vorwort: „Oh Mann des Glücks ..."

„Jeder Mensch hat eine unendliche Sphäre der Verantwortung, der Verantwortung vor dem Unendlichen. Er bewegt sich, er redet, er blickt, und jede seiner Bewegungen, jedes seiner Worte, jeder seiner Blicke schlägt Wellen ins Geschehen der Welt: er vermag nicht zu erklären wie stark und wie weit."

Martin Buber: „Mein Weg zum Chassidismus" (1918)

Ich beginne mit einer Szene, mit der Wesensart und Temperament des Menschen Martin Buber sofort lebendig werden:

Nach der Machtübernahme durch die Nationalsozialisten, die Buber als „Erzjuden" zu bezeichnen pflegten, geht der „Herr Professor", wie er in seinem Wohnort Heppenheim an der Bergstraße allgemein genannt wird, spazieren. Plötzlich stellt sich ihm ein Mann in den Weg, fixiert ihn und sagt: „Na, du Jud!"

Ohne Zögern antwortet Buber: „Na, du blöder Kerl."[1]

Es ist nicht nur Mut, sondern auch ein besonderes Maß an Seinssicherheit, die aus dieser Episode sprechen. Aber bezeichnend ist dann auch wieder Bubers Reaktion auf das Erstaunen seines Gesprächspartners Werner Kraft, dem er von dieser Szene erzählt. Buber knüpft an die Wiedergabe des Dialogs die Überlegung, was wohl geschehen wäre, wenn mehr Deutsche in hohen Stellungen damals mehr Mut oder Zivilcourage aufgebracht hätten. Und dann fällt ein entscheidender Satz, der die Episode aus ihrer Zeitbezogenheit heraushebt und die Haltung des ganzen Menschen charakterisiert. Buber antwortete nämlich auf Werner Krafts Feststellung über seinen Mut: „Ich verstehe nicht, wie jemand überhaupt ohne Mut leben könnte."[2]

Buber als Mensch, ja die Faszination, die von ihm ausging, wird in dieser Episode auf eindrucksvolle Weise sichtbar.

Ein anderes ist: Buber der Denker, der sich mit so vielen Wissensbereichen beschäftigt: Buber, die Schriften der Mystiker reflektierend, Buber der Interpret der Geschichte des Judentums und seiner großen Gründergestalten, Buber der Bibelübersetzer, Buber der Philosoph, Buber der Pädagoge, Buber der Psychologe, Buber, der Vorschläge macht, wie Frieden sein könnte zwischen den Völkern. Martin Buber, der erklärt:

„Ich habe keine Lehre. Ich zeige nur etwas. Ich zeige Wirklichkeit, ich zeige etwas an der Wirklichkeit, was nicht oder zu wenig gesehen geworden ist. [...] Ich habe keine Lehre, aber ich führe ein Gespräch."[3]

Dieser Satz könnte als Wegweiser zu einer Annäherung an das geistige Leben und das Werk Martin Bubers stehen.

In dem Essay „Gründe, Martin Buber neu zu entdekken" schreibt Martin Stöhr[4], es sei an der Zeit, Martin Buber vor allem neu zu lesen – auch laut. Seine Stimme gehöre zu den unverwechselbaren Stimmen des 20. Jahrhunderts. Das mag hoch gegriffen klingen, aber es werden auch Begründungen für diese Behauptung geliefert.

Bubers Beitrag zum jüdisch-christlichen Dialog sieht Stöhr in „der selbstbewußten, aber ungepanzerten Entfaltung des Reichtums jüdischer Glaubenstraditionen"[5]. Dabei spiele rabbinistische Literatur kaum eine Rolle, hingegen liege der Akzent auf der jüdischen Mystik und dem Chassidismus.

Sagen wir gleich hier, was Bubers Beschäftigung mit diesem Phänomen, das nicht selten auch von Juden, selbst von Ostjuden, mit einer gewissen Verächtlichkeit betrachtet wurde, so wichtig und weiter aktuell macht: Im Chassidismus wird die Kluft zwischen Gott und Welt geschlossen. Buber sieht das Versagen der abendländischen Kultur unter anderem darin, daß in ihr versucht werde, das Leben mit einem der Welt entrückten Gott zu leben. Für eine solch schizophrene Haltung gebe es im Prinzip nur zwei Möglichkeiten: entweder ein Abtun der Welt und eine Abkehr von ihr oder ein heuchlerisches Sichabfinden mit ihr nach dem Rezept: das eine tun und das andere nicht lassen. Ein Heilmittel gegen diese bipolare Lebenssituation müsse aufgefunden werden; ihre Grundgegebenheit sei die Existenz Gottes, zu dem der Weg eben durch die Schöpfung führe.

Unter einer anderen Perspektive betrachtet, hebt Buber im Chassidismus die Ablehnung einer jeden vom Leben isolierten Religion hervor sowie die Hinwendung zur religiösen Durchdringung des ganzen Lebens. Wie die Ethik einer solchen Auffassung aussieht, umschreibt er so:

„Das Schicksal des Menschen ist nur der Ausdruck seiner Seele ... Des Menschen Denken ist sein Sein: wer an die obere Welt denkt, ist in ihr [...] in Wahrheit ist die obere Welt kein Außen, sondern ein Innen; es ist die ‚Welt des Gedankens'.

Ist demnach das Leben des Menschen in jedem Anliegen und in jeder Tätigkeit dem Unbedingten geöffnet, so soll er es auch in Weihe leben. Jeder Morgen ist eine neue Berufung [...] auf allen Wegen findet der Mensch Gott, und alle Wege sind voll der Einung. Aber der reinste und vollkommene ist der Weg des Gebetes. Wer in dem Feuer seines Wesens betet, in dessen Kehle redet Gott selbst das innere Wort. Dieses ist das Ereignis; das äußere Wort ist nur sein Gewand. ‚Wie von brennenden Hölzern der Rauch emporsteigt, aber die schweren Teile haften am Boden und werden zu Asche, so steigt vom Gebet nur der Wille und die Inbrunst empor, aber die äußeren Worte zerfallen zu Asche' [...] aber das Gebet soll nicht in Pein und Buße, sondern in großer Freude geschehen. Freude allein ist wahrhafter Gottesdienst."[6]

Noch ein Wort auch zu Bubers Haltung im Dialog der Juden mit dem Christentum. Ja, er hat diesen Dialog befördert und für die Notwendigkeit gegenseitigen Verständnisses in beiden Lagern zu werben versucht, dabei aber auch auf klaren Grenzlinien zwischen den beiden Glaubensvorstellungen bestanden.

Schließlich wäre auf Bubers bewunderungswürdige Risikobereitschaft zu verweisen, seine Fähigkeit zur Selbstveränderung, die sich freilich aus der erst nach einer gewissen Entwicklung sich bei ihm ausprägenden Haltung ergibt, die Wirklichkeit des anderen ernst zu nehmen.

Ein gerade in der Gegenwart besonders wichtiger Aspekt seines Denkens und Handelns ist schließlich sein Eintreten für die Verständigung von Juden und Arabern: Dieses ist besonders bemerkenswert bei einem Menschen, der als junger Mann im Lager der Zionisten begann, aber schon damals einer Minderheit angehörte, die der kulturellen Renaissance des europäischen Judentums zumindest so viel Bedeutung beimaß wie der Errichtung eines staatlichen Territoriums.

Schließlich fällt dann bei Stöhr ein Stichwort, das Erstaunen hervorrufen könnte. „Sozialismus". Wie? Was hat der religiöse Denker Buber mit dem Sozialismus zu schaffen? Tatsächlich gibt es da eine zunächst befremdlich erscheinende Verbindung, die freilich gerade uns heute, die wir das Ende des realen Sozialismus miterlebt haben, aufhorchen lassen sollte.

Buber bekennt sich einerseits zu einem revolutionären Sozialismus, tut aber andererseits in „Pfade in Utopia" seinen Unglauben gegenüber der „automatischen Fruchtbarkeit der gewaltsamen Revolutionen" kund.

Revolutionen könnten, so schreibt er, leicht das Grab der Hoffnung werden. Die Bedingungen, unter denen das der Fall ist, hat er untersucht.

Es gibt weitere Gründe, die sich für eine neue Betrachtung, eine Wiederentdeckung seines Werkes anführen ließen:

Die existentielle Situation, die Buber vertraut ist und die er zu meistern unternimmt, ist die, am Rand des Abgrunds zu leben, zu überleben. Und da ist die uns aktuell betreffende Frage: Was kann der Menschen tun im Versuch, den Weg für das Gute zu bahnen, angesichts der Korruption des öffentlichen Leben? Wie kann er sich im politischen Bezugsfeld der Öffentlichkeit ethisch verhalten, da doch dort ständig Machtansprüche und Gruppeninteressen Gehorsam fordern – eine Frage, auf die Buber verkürzt antwortet: „Soviel er kann“[7], was zu übersetzen wäre mit: Er sollte das Engagement nicht scheuen, aber dabei mit Umsicht vorgehen. Weder soll er idealistisch-märtyrerhaft handeln noch die anfallenden humanitären Verpflichtungen von sich weisen.

Eine andere, immer noch aktuelle Frage, die er aufwirft und reflektiert, lautet: Wie soll man sich gegenüber Menschen verhalten, die an die Dogmen eines totalitären Regimes glauben? Sollte man da den Mund halten oder ihnen widersprechen?

Hier ist Bubers Antwort eine biblische. Sie ist prägnant eindeutig, als Stichwort, als Parole formuliert und lautet: „Sich nicht entziehen!“

Das heißt: Sich nicht entziehen der Verantwortung für die ethischen Gebote und ihrer Verteidigung.

Gerade im Zusammenhang der Darstellung seiner politischen Philosophie fallen bei Buber Sätze, die hellsichtig und bestürzend genau für Gegenwart und Zukunft gültige Warnungen aussprechen, so, wenn er schreibt:

„Leute, die in ihrem Privatbezirk von der skrupulösesten Rechtlichkeit waren, sahen wir Tag um Tag in der Sphäre ihrer Partei, nachdem diese ihnen angegeben hatte, wer der (in diesem Fall innere) ‚Feind‘ sei, mit unanzweifelbar ruhigem Gewissen lügen, verleumden, betrügen, rauben, peinigen, foltern, morden. In den Fabriken des Guten Gewissens wird zuverlässig gearbeitet.“[8]

Da ist in einer Zeit, in der das Sinnbedürfnis des Menschen oft absurde Blüten treibt, Bubers Fähigkeit, vergessene oder übersehene Sinnbezüge in der Vergangenheit aufzuspüren und sie für die Gegenwart neu aufzuschließen.

Da ist Bubers Affinität zum Wort, vor allem zum gesprochenen Wort. James Muilenburg hat diese Eigenschaft in seinem Aufsatz „Buber als Bibel-Interpret“ eindrucksvoll herausgestellt:

„Bubers außerordentliches Erkenntnisvermögen für Macht und Lebenskraft des Wortes wurzelt in seinem Gefühl für die Natur des menschlichen Lebens im Sprechen und Hören, in seinem Verständnis des Menschen als sprechendes und lauschendes Wesen und der besonderen Art dieser Verbindung, ihrer Folgerung und ihrer Dynamik.“[9]

Und wenn diese Biographie im Untertitel die Worte „Jude“ und „deutsch“ verbindet, so soll dies auf einen Menschen hindeuten, der seine Heimat jenseits des Nationalen im Wort hat, im Wort der jiddischen, der hebräischen wie der deutschen Sprache.

Dieses besondere Verhältnis zur Sprache ist schließlich auch für seine Philosophie, die des „Ich und Du“ grundlegend: Eine intensiv-lebendige Beziehung, ja die Aufhebung der Grenzen zwischen zwei Menschen ist möglich im Dialog von Ich und Du, dem eine andere Form von Beziehung – zwischen Ich und Es – gegenübersteht.

Das Verhältnis von Ich und Du kennzeichnet zugleich auch die Beziehung von Mensch und Gott, eine Erkenntnis, die die Sprachform der Buberschen Bibelübersetzung bestimmt, aber auch noch eine Verheißung anderer Art enthält: die Anwesenheit der Gottheit, des Transzendenten, dort wo im „Zwischen“ von Ich und Du sich ein besonderer Seinszustand herstellt.

Und schließlich dies: Der Blick auf Bubers Leben enthüllt auch eine vorbildliche Verhaltensweise gegenüber dem Schicksal der Juden als Opfer nationalsozialistischer Verfolgung oder als Überlebende eines millionenfachen Mordes an jüdischen Mitbrüdern und Mitschwestern. Er empfiehlt und lebt eine Haltung, die für unsere Gegenwart und für die Zukunft Maßstäbe setzt.

An einer eher marginalen Episode läßt sich das deutlich machen:

„Als 1960 Buber einen Brief der Gesellschaft für christlich-jüdische Zusammenarbeit in Darmstadt erhielt, in welchem ihm mitgeteilt wurde, daß eine Erinnerungstafel an seinem Haus in Heppenheim angebracht werde, in dem er von 1916 bis 1938 gewohnt habe, entgegnete Buber: ‚Es hieße, meine ich, der Wahrheit nicht gerecht werden, wenn an dem von mir und den Meinen in den Jahren 1916–1938 bewohnten Haus in Heppenheim a. B. eine Tafel angebracht würde, die nur an die Tatsache dieses Wohnens erinnerte, aber unerwähnt ließe, daß es Plünderung und Enteignung gewesen sind, die diesem Wohnzusammenhang ein Ende setzten.'"[10]

„Die ganze Erinnerung muß es sein", so könnte man diese Episode überschreiben und sie all jenen zum Bedenken empfehlen, die da fordern, einmal müsse ein Ende sein mit dem Erinnern an die Judenverfolgung und den Völkermord, den Deutsche an den europäischen Juden begangen haben.

Die hier nur kurz aufgeführten Aspekte zeigen den engen Zusammenhang zwischen Martins Bubers Lebensgeschichte, zwischen seinem Denken, Sagen und Handeln, der ja bei einem Philosophen und Gelehrten nicht selbstverständlich ist.

Diesem Zusammenhang versucht die Struktur des nachfolgenden Textes gerecht zu werden. Er will Leben und Werk darstellen, nicht für einen ohnehin wissenden Kreis von Insidern und Spezialisten, sondern für Menschen, die noch nicht die Gelegenheit hatten, sich mit Martin Buber zu befassen. Dies nicht zuletzt deswegen, weil ich der Meinung bin, daß sein Leben, Handeln und Denken als Hilfe bei den Fährnissen in Gegenwart und Zukunft wirksam werden kann.

Ich will dieses Vorwort mit einem persönlichen Eindruck enden lassen. Auf sanfte, aber unnachgiebige Weise ist auch Martin Buber „ein Mann gegen die Zeit". Die Beschäftigung mit seinem Leben und Werk vermag uns Mut zu machen. Zwar ist der Preis, den ein Mensch für die

Entwicklung und Entdeckung seiner Identität – wie auch seines Bedürfnisses nach Freiheit und sozialer Gerechtigkeit sowie seiner intellektuellen Neugier und der Fähigkeit, von Normen und Dogmen abzuweichen – zahlt, hoch, doch gewiß noch höher ist der Preis für das Beharren auf einer solchen Identität und dem Willen, ihr in Rede und Schrift Ausdruck zu verleihen. Doch eingeübt und praktiziert wird so die Fähigkeit, sich zu widersetzen, nämlich dort, wo die Inhumanität um sich greift. Aus dieser Haltung erwächst dann jene Fähigkeit, anderen Schutz, Ruhe, Sicherheit, Bestärkung zu geben. Und über diese Fähigkeit verfügte Martin Buber in besonderem Maße – ein Eindruck, den gleich mir viele bekunden, die ihm begegnet sind.

Wenn man versucht, sich Martin Bubers Eigenart aus einer poetischen Perspektive anzunähern, wenn man versucht, jene Art von „Glück" zu umschreiben, das einem Menschen aus einer solchen Haltung erwächst, so kann man sich dazu auch Martin Bubers Übersetzung des Ersten Psalms bedienen, in dem er gewiß vieles seiner eigenen Überzeugung eingeschrieben hat:

> „Oh Glück des Mannes,
> der nicht ging im Rat der Frevler,
> den Weg der Sünder nicht beschritt,
> am Sitz der Dreisten nicht saß,
> sondern Lust hat an SEINER Weisung,
> über seiner Weisung murmelt tags und nachts!
> Der wird sein
> wie ein Baum, an Wassergräben verpflanzt,
> der zu seiner Zeit gibt seine Frucht
> und sein Laub welkt nicht:
> was alles er tut, es gelingt. […]"[11]

2
Die Kindheit oder die verlorene Mutter

„Aller Widersinn, mit dem die Welt dich kränkt, tritt dich an, damit du den Sinn in ihm entdeckst, und aller Widerspruch, der in dir selbst dich peinigt, wartet auf deinen Spruch, ihn zu bannen."

Martin Buber: Einleitung zu
„Die Erzählungen der Chassidim" (1949)

Mordechai Martin Buber wird am 8. Februar 1878 in Wien geboren. Der Vater, Karl Buber, besitzt im galizischen Teil Österreich-Ungarns Güter und ein Stadthaus in der Hauptstadt Wien. Die Familie Buber läßt sich bis ins 16. Jahrhundert zurückverfolgen.

Der Vater wird in den Aufzeichnungen seines Sohnes Martin, die unter dem Titel „Autobiographische Fragmente" vorliegen und vom Alter her rückblickend wichtige Lebensstationen und Augenblicke der Grenzerfahrung festhalten, als „der Interessensphäre des Sohnes entrückt" geschildert. Dabei fällt auf, daß der Sohn dennoch bemüht ist, jenen Zügen der Persönlichkeit des Vaters, die ihn mit geprägt haben könnten, Gerechtigkeit widerfahren zu lassen:

„Der Einfluß meines Vaters auf meinen geistigen Werdegang [...] kam gleichsam gar nicht vom Geiste her. In seiner Jugend hatte der Vater starke geistige Interessen gehabt, er hatte sich ernstlich mit der Frage befaßt, die in den Büchern wie Darwins ‚Entstehung der Arten' und Renans ‚Leben Jesu' aufgeworfen worden waren; aber er widmete sich schon früh der Landwirtschaft und gab ihr immer mehr von sich her. Bald war er in dem ostgalizischen Grundbesitz eine exemplarische Erscheinung."[12]

Hervorgehoben wird vom Sohn der Bezug des Vaters zu Tieren und zur Natur und seine Anteilnahme am Schicksal derer, die für ihn arbeiten:

„Wie er am Leben all der Menschen teilnahm, die von ihm in der einen oder anderen Weise abhingen, der Hofknechte in ihren nach seinen Angaben gebauten Häuschen, die die Hofgebäude umgaben, der Kleinbauern, die unter von ihm in genauer Gerechtigkeit ausgearbeiteten Bedingungen ihm Dienst leisteten, der Pächter, – wie er sich um die Familienverhältnisse, um Kinderaufbringung und Schulung, um Krankheit und Altern all der Leute kümmerte, das leitete sich von keinen Prinzipien ab, es war Fürsorge nicht im üblichen, sondern im personhaften Sinn."[13]

Früh ereignet sich im Leben des Kindes Martin eine emotionale Katastrophe. Die Mutter verläßt die Familie mit einem Liebhaber, als Martin drei Jahre alt ist. Man bringt das Kind nach Lemberg zu den Großeltern väterlicherseits, die für ihn zu den eigentlichen Eltern werden.

Welche traumatische Wirkung der Verlust der Mutter auf das Kind hatte, hat Buber selbst sehr anschaulich beschrieben:

„Das Haus, in dem meine Großeltern wohnten, hatte einen großen quadratischen Innenhof, umgeben von einem bis ans Dach reichenden Holzaltan, auf dem man in jedem Stockwerk den Bau umschreiten konnte. Hier stand ich einmal, in meinem vierten Lebensjahr, mit einem um mehrere Jahre älteren Mädchen, der Tochter eines Nachbarn, deren Aufsicht mich die Großmutter anvertraut hatte. Wir lehnten beide am Geländer. Ich kann mich nicht erinnern, daß ich zu meiner überlegenen Gefährtin von meiner Mutter gesprochen hatte. Aber ich höre noch, wie das große Mädchen zu mir sagte: ‚Nein, sie kommt niemals zurück.' Ich weiß, daß ich stumm blieb, aber auch, daß ich an der Wahrheit des gesprochenen Wortes keinen Zweifel hegte.

Es blieb in mir haften, es verhaftete sich von Jahr zu

Jahr immer mehr meinem Herzen, aber schon nach etwa zehn Jahren hatte ich begonnen, es als etwas zu spüren, was nicht bloß mich, sondern den Menschen anging. Später einmal habe ich mir das Wort ,Vergegnung' zurechtgemacht, womit etwa das Verfehlen einer wirklichen Begegnung zwischen Menschen bezeichnet war [...] Ich vermute, daß alles, was ich im Lauf meines Lebens von der echten Begegnung erfuhr, in jeder Stunde auf dem Altan seinen ersten Ursprung hat."[14]

Der Großvater, Salomon Buber, ist Direktor zweier Banken und Mitglied der Handelskammer, zugleich aber ein berühmter Erforscher und Übersetzer der Midrashim, jener gesammelten erbaulichen Auslegungen alttestamentarischer Bücher durch jüdische Schriftgelehrte, die zwischen dem 2. bis 6. Jahrhundert entstanden sind.

Mit Salomon Buber korrespondieren jüdische Theologen aus der ganzen Welt.

Eine solche Kombination von tatkräftiger Berufstätigkeit und theologischem „Klären" ist offenbar im Ostjudentum so selten nicht. So lesen wir in dem Band „Die jüdische Welt von gestern", der eine untergegangene Welt eindrucksvoll dokumentiert:

„Der Jude war neben allen seinen niedrigsten Tagesgeschäften der Regel nach zugleich ein Gelehrter. Als Gelehrter konnte er ein Weiser werden. Und als Weiser konnte die Grundstimmung des Juden die Zufriedenheit mit seinem Erdenlose werden."[15]

Die Großmutter Adele, die dem Kind die Mutter zu ersetzen versucht, ist eine „jener Jüdinnen von einst, die, um ihren Männern Freiheit und Muße zum Studium der Lehre zu verschaffen, mit umsichtigem Eifer der Geschäfte walteten". Ihr Einfluß auf das Kind, den Jugendlichen und den jungen Mann, so ergibt es sich später auch aus Martin Bubers Briefen an sie, muß groß gewesen sein.

„Die Großmutter war in einer galizischen Kleinstadt aufgewachsen, wo bei den Juden das Lesen ,fremden' Schrifttums verpönt war, für die Mädchen aber alle Lektüre, mit Ausnahme erbaulicher Volksbücher, als unzie- lich galt. Fünfzehnjährig hatte sie sich auf dem Speiche ein Versteck eingerichtet, in dem Bände von Schillers Zeitschrift „Die Horen", Jean Pauls Erziehungsbuch ‚Levana' und manche andere deutsche Bücher standen, die von ihr heimlich und gründlich gelesen wurden. Als Siebzehnjährige nahm sie sie und den Brauch des konzentrierten Lesens in die Ehe mit, und sie erzog ihre zwei Söhne in der Ehrfurcht vor dem gültigen Wort, das nicht zu umschreiben ist. Denselben Einfluß übte sie hernach auf mich aus; ich erfuhr, noch ehe ich vierzehn wurde und in das Haus meines Vaters und meiner Stiefmutter übersiedelte, was es bedeutete, etwas wirklich auszusprechen."[16]

Das Kind Martin beginnt erst mit drei Jahren zu reden. Es ist ein zartes, in sich zurückgezogen wirkendes Kind. Bis zu seinem zehnten Lebensjahr wird Martin von Privatlehrern unterrichtet, erst danach besucht er eine öffentliche Schule. In seinem sechsten und siebten Lebensjahr sollen theaterstückhafte Szenen, die er sich selbst ausdenkt, sein liebstes Spielzeug gewesen sein. Schon hier waltet, wenngleich noch spielerisch, so etwas wie eine dialogische Beziehung.

Der Heranwachsende erweist sich dann aber später als außerordentlich sprachbegabt: Hebräisch, Jiddisch, Polnisch, Deutsch und Französisch lernt er im großelterlichen Haus und in dessen Umfeld, in der Schule kommen Latein und Griechisch hinzu, später auch noch Englisch (mit einem manchmal etwas schwer zu verstehenden Akzent) und das Italienische.

Freilich spielt auch die übersetzende und interpretierende Tätigkeit des Großvaters als Anregung eine Rolle. Wie der Heranwachsende die Sprache und ihre Möglichkeiten entdeckt und welche Phantasiespiele er von daher erfindet, ist ebenfalls in den „Autobiographischen Fragmenten" auf eine Art beschrieben, die die Vermutung nahelegt, daß hier die Wurzeln und der Nährboden für die zahlreichen Übersetzungen liegen, die Buber später gewagt hat – die bekannteste ist zweifellos seine zusammen mit Franz Rosenzweig in Angriff genommene Bibelübersetzung.[17]

„Die Vielfalt der menschlichen Sprachen, ihre wundersame Verschiedenheit, in der das weiße Licht der Menschensprache sich zugleich brach und bewahrte, war schon meiner Knabenzeit ein Problem, das mich immer neu belehrte, aber in der Belehrung auch wieder von neuem beunruhigte. Ich ging Mal um Mal einem einzelnen Worte oder auch Wortgefüge von einer Sprache zur andern nach, fand es da wieder und mußte doch Mal um Mal etwas daran verloren geben, was es anscheinend eben doch nur in einer einzigen von all den Sprachen gab. Das waren nicht bloß ‚Bedeutungsnuancen': ich dachte mir zweisprachige Unterhaltungen mit einem Deutschen und einen Franzosen, später mit einem Hebräer und einem alten Römer aus und bekam immer wieder, halb spielhaft und doch zuweilen mit pochendem Herzen, die Spannung zu spüren zwischen dem, was der eine sagte, und dem, was der andre von seinem anderssprachigen Denken aus vernahm. Das hat tief in mich hinein gewirkt und ist in einem langen Leben in immer deutlichere Einsicht eingegangen."[18]

Mit vierzehn kehrt, wie gesagt, der Knabe ins Haus seines Vaters in Lemberg zurück, der inzwischen wieder geheiratet hat, bleibt aber weiter in enger Verbindung mit seinen Großeltern, ja, er beteiligte sich jetzt sogar an der Auslegearbeit seines Großvaters.

Das alles heißt nicht, daß er allein auf den jüdischen Kulturhintergrund fixiert bliebe, im Gegenteil, er lehnt vieles am Judentum als eng und dogmatisch ab und scheint sich intensiv mit deutschsprachiger Literatur und Philosophie beschäftigt zu haben. Jedenfalls wählt er sich für seine Bar-Mizwa[19]-Rede einen Schillervers, was nicht gerade auf eine Neigung zur jüdischen Orthodoxie schließen läßt.

Wichtig wird in diesem Lebensabschnitt die enge Beziehung zum Jiddischen, auch zur Sprache der Thora, die er in der Synagoge hört und die er später als „große Stimme der hebräischen Urzeit" bezeichnen wird.

Kenner des Jiddischen wie Abraham Joshua Heschel gehen soweit zu behaupten, daß Bubers Stil ohne den starken Einfluß des Jiddischen nicht wirklich verstanden werden könne. „Obwohl Buber lieber Deutsch als Jiddisch sprach und sein reines, klassisches Deutsch dialektfrei war, verließ ihn jedoch nie seine frühe Zuneigung zur Farbe und Wärme des Jiddischen, und dieses hat in der Tat seinen Stil und mit ihm die Art seines Denkens geprägt."[20]

Wenn Buber in diesen Jahren auch beim Vater in Lemberg lebt, so dürfte er mit diesem häufig ins ländliche Galizien gekommen sein, was später für sein Interesse am Chassidismus, den er dort noch als praktizierten Glauben erlebt, von Bedeutung werden sollte. Aber auch in Lemberg selbst ist damals die später untergegangene Atmosphäre des „Stetl" noch lebendig, und man muß sie aus zeitgenössischen Berichten in sich aufnehmen, um einerseits die soziale Umwelt der Chassiden zu begreifen, diese aber andererseits nicht sozialromantisch verklärt zu sehen.

„Die Gassen und Gäßchen in der Nähe der alten Lemberger Synagoge bilden eine kleine Stadt für sich. Hier scheint die Großstadt seit einem Jahrhundert in der Entwicklung stehengeblieben zu sein. Nur selten kommt die Sonne in diesen engen, winkligen Gassen. Die Häuser sind alt und die Höfe schmutzig und düster. Und jeder Hof ist eine Straße für sich mit verfallenen Häuserteilen und gebückten, wunderlichen Giebeln, die sich im Dunkeln wie kauernde Ungeheuer ausnehmen. Man wagt es kaum aufrecht zu gehen, aus Furcht, es könnten die alten Mauern jeden Augenblick zusammenstürzen. [...]

Die Häuser werden vom Dachboden bis in die Kellerräume von armen jüdischen Familien bewohnt. Alle leben sie vom Handel. Die kleinen dunklen Läden sind mit allen möglichen Gegenständen angefüllt. Da sieht man Möbel und Hausgeräte, Bücher und Kinderspielzeug, Hüte und Schuhe in allen Formen, alte Kleider. Livreen und abgediente Uniformen in jeder Größe und Farbe liegen und hängen bunt durcheinander. Was in der Stadt morsch und unbrauchbar geworden ist, wird hierher gebracht, und kein Ding ist so schlecht, daß es hier nicht seinen Käufer findet.

Auf der Straße ist ein ständiger Jahrmarkt. Ein Stand reiht sich an den anderen. Jüdinnen mit falschem Scheitel oder schmutzigen Tüchern auf den Köpfen, alte und frühgealterte, verkaufen Obst, Gemüse und Backwerk zu den billigsten Preisen. Neben den Hökerinnen sitzen die Flickschuster über ihre Arbeit gebückt. Daneben sieht man einen Buchhändler mit alten Zeitschriften, Gebetbüchern und Hintertreppenromanen. Zwischen den Buden tummelt sich ein Heer von Käufern und Maklern. Juden mit verstaubten, schmutzigen Gesichtern drängen sich durch die Menge. Sie tragen alte, fadenscheinige Cylinder auf den Köpfen und zerfetzte Schirme in den Händen [...] Krüppel und Bettler suchen lautjammernd im Gewühl vorwärtszukommen. [...]

An den Straßenecken stehen Schuhputzer, Lastträger und bettelnde Judenjungen in zerrissenen Kaftanen, mit bleichen, hungrigen Gesichtern.

Tag für Tag tobt hier der Kampf um das bißchen Leben ..."[21]

Das ist zweifellos eine andere Welt als die, welche der Heranwachsende im Haus von Großeltern und Vater tagtäglich erlebt. Man muß sich allerdings fragen, ob die privilegierte Rolle Bubers, auf die Haim Gordon in einer biographischen Studie[22] hinweist, eine Haltung des intellektuellen Elfenbeinturms bedingt und die Empathie für die Menschen der ostjüdischen Unterschicht ausschließt. Gordon schreibt nicht ohne polemischen Unterton:

„Martin führte ein geborgenes Leben in ihrem geräumigen Haus, umgeben von Dienern, die ihm jede Laune erfüllten. Er nahm das als natürlich hin, und ich bezweifle, ob er jemals gelernt hat, ein Ei zu braten oder den Fußboden zu kehren. Später in seinen Studentenjahren wurde er immer von einem Diener begleitet, und bis zu seinem sechzigsten Lebensjahr, als er nach Palästina auswanderte, hatte er nie ohne Diener gelebt. Ja, er stieg fast nie von seinem hohen intellektuellen Sockel herab, um sich persönlich mit den Leuten einzulassen, die ihn bedienten."[23]

Naheliegender scheint, daß Martin die Diskrepanz zwischen dem Lebensstil im Hause seines Großvaters Simon Buber und den Lebensumständen der jüdischen Unterschicht irgendwann einmal bestürzend bewußt geworden sein muß.

Für ein ausgeprägtes Einfühlungsvermögen in das Wesen und die Nöte anderer spricht auch eine Szene, die sich im Franz-Josef-Gymnasium zu Lemberg abgespielt haben dürfte. Die Umgangssprache war dort Polnisch, die Religion bei der Mehrheit der Schüler katholisch. Antisemitische Äußerungen hört Buber von seinen Mitschülern nicht, wohl aber empfindet er es als einen Missionierungsversuch, daß man die kleine jüdische Minderheit zwingt, am katholischen Religionsunterricht teilzunehmen. Hieraus entwickelt sich seine Abneigung gegen jede Art von Mission unter Andersgläubigen. Wichtiger aber noch ist der Vorfall, der unter der Überschrift „Die zwei Knaben" in den „Autobiographischen Fragmenten" geschildert wird und sich in Bubers zwölftem Lebensjahr in seiner Klasse abgespielt hat.

Es ist ein regnerischer Winter oder Herbst, und etliche Wochen lang bleiben die Schüler auch während der Pause im Klassenraum. Da gibt es nun zwei Mitschüler, die führten, „ohne die Bank zu verlassen, mimische Spiele vor, mit clownhafter Behendigkeit, aber ohne einen Laut von sich zu geben, und ihre Gesichter blieben unveränderlich streng. Nach einiger Zeit nahmen die Spiele einen immer aufdringlicher werdenden sexualen Charakter an. Nun sahen die Gesichter der beiden so aus, wie ich mir die Seelen in der Höllenpein vorstellte, von denen mir einige Mitschüler im Ton von Sachkundigen zu berichten wußten. [...]

Etwa eine Woche, nachdem die Schaustellungen diese Gestalt angenommen hatten, wurde ich zum Schuldirektor gerufen. Er empfing mich mit der sachten Freundlichkeit, die wir an ihm kannten, und fragte mich alsbald, was ich von dem Treiben der beiden wüßte. ‚Ich weiß nichts!' schrie ich auf. Er sprach wieder, ebenso sacht wie vorher. ‚Wir kennen dich ja', redete er mir zu, ‚du bist ein gutes Kind, du wirst uns helfen.' ‚Helfen? Wem helfen?', wollte ich – so scheint es mir – erwidern, aber ich schwieg, ich starrte schweigend den Direktor an. Von dem, was danach geschah, ist mir fast nichts ins Gedächtnis gedrungen, nur daß mich ein großes Weinen, wie nie zuvor, überkam und ich fast bewußtlos weggeführt wurde. Als ich aber zu Hause einige Stunden danach mich an den letzten Blick des Direktors zu erinnern versuchte, war es kein sachter Blick gewesen, der mich traf, sondern ein erschreckter.

Einige Tage lang behielt man mich zu Hause, dann kam ich wieder in die Schule, die dritte Bank der mittleren Reihe war leer und ist es bis zum Ende des Schuljahrs geblieben."[24]

Wiederum rückblickend, sieht Buber in diesem Erlebnis die in ihm lange weiter wirkende erste Erfahrung des problematischen Verhältnisses „zwischen Grundsatz und Situation". Es lehrte ihn, wie er selbst schreibt, daß jeweils nicht unser Gehorsam, sondern wir selber gefordert sind.[25]

Man kann noch weitergehen und hier den Keim zu der späteren Einsicht sehen:

„Das Zwischenmenschliche ist auch das Religiöse: ‚Die echte sittliche Tat wird an Gott getan.' Sie geschieht in tiefer Identifizierung mit dem Leidenden oder gar mit dem Abtrünnigen und dem Feinde."[26]

In der Familie gilt Martin als eine Art von Wunderkind, an dessen weitere Entwicklung sich große Erwartungen knüpfen. Bezeichnend, daß eine Pubertätskrise, die den jungen Martin Buber in Selbstmordgedanken stürzt, mit dem Nachdenken über die philosophischen Vorstellungen von Raum und Zeit ihren Ausgang nimmt und daß es gerade eine der schwierigsten Schriften von Immanuel Kant, die „Prolegomena", sind, die ihm einen Ausweg weisen:

„Hier ist vor allem nachzutragen, daß mich damals die Frage nach der Zeit weitaus quälender als die nach dem Raum bedrängt hat. Ich wurde unwiderstehlich getrieben, den welthaften Gesamtablauf als faktisch fassen zu wollen, und das bedeutete, ihn, die ‚Zeit', entweder als anfangend und endend oder als anfangs- und endlos zu verstehen. Beides erwies sich bei jedem Versuch, es als Wirklichkeit anzunehmen, gleicherweise als widersinnig [...] es ging um die Wirklichkeit der Welt, in der man zu leben hatte, und die hatte das Angesicht des Absurden und Unheimlichen angenommen. Da bekam ich das eine Buch in die Hand, Kants ‚Prolegomena zu einer jeden künftigen Metaphysik'. Darin war gelehrt, Raum und Zeit seien ‚nichts weiter als formale Bedingungen unserer Sinnlichkeit', seien ‚nicht wirkliche Beschaffenheiten, die den Dingen an sich selbst anhingen', sondern ‚bloße Formen unserer sinnlichen Anschauung'.

Diese Philosophie hat eine große beruhigende Wirkung auf mich ausgeübt. Ich brauchte nun nicht mehr, gepeinigt, der Zeit ein Letztes abzufragen zu suchen, sie war ja nicht über mich verhängt."[27]

Gewiß scheint für die Großeltern Salomon und Adele Buber das Judentum vor allem eine intellektuelle Beschäftigung gewesen zu sein.

Der Enkel entwickelt, nachdem er die deutsche Kultur und Philosophie entdeckt hat, gar so etwas wie eine Abneigung dagegen. Alles was typisch jüdisch ist, gilt ihm vorübergehend als negativ besetzt.

Mit vierzehn Jahren hat er aufgehört, das Morgengebet zu sprechen und den Gebetsriemen anzulegen.

1896 beginnt er sein breit angelegtes Studium an der Universität in Wien, das er in Leipzig, Berlin und Zürich fortsetzt, ehe er schließlich nach Wien zurückkehrt, um seine Doktorarbeit zu schreiben.

Seine spezifische Art, das Studium anzugehen, scheint darauf angelegt gewesen zu sein, ein möglichst breites Spektrum deutschen kulturellen und akademischen Lebens in sich aufzunehmen. Auch dies hat man als einen Versuch der Befreiung zu verstehen. Andererseits ist er im neuen Jahrhundert bei aller Verbreiterung seiner intellektuellen Basis immer noch auf die materielle Unterstützung durch den wohlhabenden Vater und die Großeltern angewiesen. Es ist nicht ohne Ironie, daß eben in dieser von ihm selbst auch als solche erkannten Situation der Gefährdung die Rückkehr zu den Wurzeln, sprich zum Chassidismus, erfolgt – oder wie es Gerhard Wehr ausdrückt, „der Künstler, der Dichter, der Charismatiker über den Wissenschaftler gesiegt hat, der Liebhaber des Wortes über den historisch-kritisch arbeitenden Philologen und Religionsgeschichtler".[28] Doch bis dahin war noch ein gehöriges Stück des Buberschen Entwicklungsromans zu durchschreiten.

3
Die Entdeckung des Zionismus

„Einsamer, zwei Einsamkeiten sind in deinem Leben verflochten. Nur eine sollst du ausrotten: das Sich-Verschließen, das Sich-Zurückziehen, das Sich-Gegenüberstellen – die Einsamkeit des Gemeinschaftsunfähigen."

Martin Buber: Was ist zu tun? (1919)

„Ich habe einmal von einer Liebe gesprochen, die für das Dasein des Geliebten zeuge. Man fragt mich, wie dies möglich sei. Ich bekenne, diese Frage in objektiv gültiger Weise nicht beantworten zu können. Ich weiß nur, aus direkter und indirekter Erfahrung, daß die große Liebe zu einem wirklich existierenden Wesen in sich anders beschaffen, qualitativ anders ist als die – sei es auch dichterisch beschwingte – Liebe zu einem Phantasiegebild. Die erste nenne ich die totale Akzeptation: man nimmt den Anderen an wie er ist, man nimmt ihn ganz an, wie er auch sei. Von dieser Art von Liebe weiß ich zu sagen, daß sie für Dasein zeugt. Die andere, die illusionierende, kann weder so annehmen noch kann sie so Zeugnis ablegen."

Martin Buber: Antwort – Theologie,
Mystik, Metaphysik (1963)

Seine beiden ersten Studiensemester im Jahre 1896 verbringt der 18jährige Martin Buber also in Wien. Er hat Literatur, Kunstgeschichte und Philosophie belegt. Er zieht es vor, Seminare statt Vorlesungen zu besuchen, weil dort ein persönlicher Kontakt zu dem jeweiligen Professor möglich ist. Wien um die Jahrhundertwende spielt beim Durchbruch zu einer Kultur der Moderne eine besondere Rolle. Hier bereitet sich in der Seele des Menschen die Zukunft der Menschheit vor, wie Arthur Schnitzler einen seiner Romanhelden sagen läßt. Man könnte als Beleg auch Hermann Broch zitieren, der Wien als das Zentrum des West-Vakuums bezeichnet. Und es sind vor allem Juden, die an dieser Entwicklung einen entscheidenden Anteil haben: Karl Kraus, Hugo von Hofmannsthal, Peter Altenberg, Joseph Roth, Sigmund Freud, Arthur Schnitzler, Eugenia Schwarzwald und viele andere.

Joachim Riedl hat eine Erklärung für die Rolle der Juden bei der Begründung der Moderne in Wien zu liefern versucht. Er schreibt:

„Nur aus Ignoranz, Ablehnung und weil ihnen die restliche Gesellschaft ihre Teilhabe verweigerte, wurden sie zu dem, was sie waren. Sie mußten zu einem neuen Selbstverständnis finden, sei es politisch, wirtschaftlich, kulturell oder wissenschaftlich, zu neuen Zielen, die es zu verfolgen galt, sie mußten wie Pfadfinder einen Weg aus einer hoffnungslosen Situation auskundschaften."[29] „Der Weg, den sie wählten", heißt es weiter, „war der des Zweifels am Bestehenden, des Bruches mit dem Akzeptierten, des zerstörerischen Griffs nach den Tabus: Nichts ist, wie es scheint."[30]

Unter diesem Aspekt ist es nicht erstaunlich, daß Buber in diesen Jahren eine Phase der Nietzsche-Begeisterung durchläuft, die immerhin so weit geht, daß er sich daran macht, einen Essay mit dem Titel „Ein Wort über Nietzsche und die Lebenswerte" zu verfassen. Außerdem plant er, „Also sprach Zarathustra" ins Polnische zu übersetzen. Erst als er hört, daß ein polnischer Übersetzer sich ebenfalls an diese Arbeit gemacht hatte, überließ er diesem die von ihm schon fertiggestellten Teile.

Später hat Martin Buber sich zum Werk Nietzsches kritisch-distanzierend geäußert, nicht ohne einzugestehen, wie stark die Faszination durch den „Zarathustra" auf ihn gewesen ist:

„Dieses Buch, vom Verfasser als das größte Geschenk bezeichnet, das der Menschheit bisher gemacht worden sei, hat auf mich nicht in der Weise einer Gabe, sondern in der Weise des Überfalls und der Freiheitsberaubung gewirkt, und es hat lang gedauert, bis ich mich loszumachen vermocht habe."[31]

Auch *wie* er diese Distanz schließlich herzustellen vermochte, hat er selbst beschrieben. Der Ausgangspunkt dabei ist der Vergleich der Aussagen bei Kant und bei Nietzsche über das Wesen der Zeit, für das sich Buber, wie schon erwähnt, ohnehin besonders interessiert. An Kants Sicht gefällt Buber dessen Bescheidung:

„Kant hatte das sinnverwirrende Rätsel, das uns mit dem Sein der Zeit gestellt ist, nicht zu lösen unternommen; er hatte an ihm die philosophische Beschränkung vollzogen, indem er es zum Problem unseres eigenen Angewiesenseins auf die Zeitform machte. Nietzsche, der mit den philosophischen Selbstbescheidungen nichts zu tun haben wollte, setzte an die Stelle eines der Urgeheimnisse der Zeit, des offenbaren Geheimnisses der Einmaligkeit alles Geschehens, das Scheingeheimnis der ‚ewigen Wiederkehr des Gleichen'."

Was Buber jedenfalls aus der Auseinandersetzung mit Nietzsche lernt, ist ein Sinn für Dynamik und für die Fähigkeit, Sprache zu stilisieren und beschwörend einzusetzen. Er selbst spricht bei Nietzsche von einer „ekstatisch erlebten Denkmöglichkeit".

Es gibt aber noch andere Einflüsse in Wien, die seinen Sprachsinn schärfen. Er selbst erwähnt die Gedichte Hugo von Hofmannsthals und die Theaterbesuche im Burgtheater, bei denen er Kriterien für das Echte und Unechte beim gesprochenen Wortes erkannt hat. Im Alter sich erinnernd, setzt er das „‚richtig' gesprochene Menschenwort", das den Bezug (zum Du) herstellt, gegen „‚edles' Rezitieren" (im Sinn von Gekünsteltem), das, wie er sagt, bei ihm als Zuschauer und Zuhörer einen Zustand des Angeredetseins der ganzen Person als eines Mitmenschen zerstöre.[32] Es ist also die Erkenntnis und die Verwirklichung dialogischer Möglichkeiten, die von Buber als entscheidend für die Qualität von Sprechkunst angesehen wird. So bereiten sich schon beim Zwanzigjährigen Einsichten vor, die sich später zu einem zentralen Punkt seiner Philosophie verdichten werden.

Im Wintersemester 1897/98 wechselt Buber an die Universität Leipzig, und aus dieser Zeit bleibt in der bilanzierenden Rückschau im Alter als wichtigstes bildendes Ereignis die Erfahrung der Musik Johann Sebastian Bachs:

„... und zwar Bachs Musik so gesungen und gespielt – dessen war ich damals gewiß und bin ich gewiß geblieben –, wie Bach selber wollte, daß sie gesungen und gespielt werde. Aber ich würde vergeblich zu sagen unternehmen, ja, ich kann es nicht einmal mir selbst klarmachen, auf welche Weise Bach mein Leben beeinflußt hat; offenbar wurde der Grundton meines Lebens irgendwie modifiziert und erst von da aus auch der Gedanke."[33]

In der Leipziger Zeit fand auch Martin Bubers erste Begegnung und Auseinandersetzung mit dem Zionismus statt.

Mitbestimmend, aber wohl nicht allein auslösend, ist die Lektüre von Nathan Birnbaums „Die jüdische Moderne", ein Buch, das Buber 1898 in den Sommerferien bei einem Aufenthalt auf dem Gut seines Vaters in Galizien gelesen hat. Was ihn fasziniert, ist darin die Verbindung einer nationalen und einer sozialen Idee vom Judentum.

Gleich nach seiner Rückkehr aus den Semesterferien organisiert er in Leipzig eine zionistische Ortsgruppe. Er wird bei deren Zusammentreten zu deren Präsidenten gewählt. „Im Schmuck seiner Insignien, jedoch noch ohne Bart, ‚gibt Buber die Figur eines jungen Samson ab'."[34] Schließlich vertritt er die Leipziger Zionisten als deren Delegierter auf dem Zionistenkongreß im März des folgenden Jahres in Köln. Von dort kehrt er nicht nach Leipzig zurück, sondern setzt nun sein Studium in Zürich fort.

Antisemitische Erfahrungen in Galizien und im Deutschen Kaiserreich werden Bubers Entschluß, sich nun kämpferisch für den Zionismus zu engagieren, mitbe-stimmt haben.

Ein Erlebnis dieser Art, das Nachdenklichkeit erzwingt, hat Buber in einem Brief an seine spätere Ehefrau festgehalten. Auf einer Reise nach Berlin begegnet er zusammen mit seinem Vetter Eliasberg einem Sonderwagen jüdischer Auswanderer:

„Wir sprachen zu ihnen. Einer fragte mich: was für eine Stadt ist das? Sie wußten alle nicht, wo sie sind, nur daß sie ‚gen Amerika' gehen. Diese Verlorenheit! Sie fuhren allein, ohne Leitung, in Hamburg erwartete sie ein Agent. Was sie ‚dort' tun würden, wußten sie nicht. Wie ein Ding, das in den leeren Raum geworfen wird. Von dem Beamten wurden sie wie Tiere behandelt. Wir erfuhren von einem Schaffner, daß sie nach Ruhleben in Baracken geschafft werden, wo sie über Nacht bleiben, Brot bekommen und auf Krankheitskeime hin untersucht werden. Wir fuhren ihnen nach, wurden aber in die Baracken nicht eingelassen, weil niemand sie besuchen darf." (Das Muster für die KZs der Nazis und der Transporte dahin scheint hier gespenstisch vorentworfen!) „Bevor sie vom Bahnhof abfuhren, grüßten sie uns zum Abschied wieder und wieder und es war etwas wie Freude in ihren Bewegungen. Einer fragte uns: ‚Sie tun hier?' d. h. ‚Üben Sie hier irgend ein Handwerk aus?' Er konnte sich nicht vorstellen, daß man zu anderem Zweck in die Fremde geht, als um durch schwere Arbeit sein Leben zu fristen."[35]

Es wird dies nicht die einzige Begegnung mit jüdischer Not und der Verachtung, die man Juden entgegenbringt, gewesen sein.

Ahron Eliasberg wird während der Studienzeit Bubers in Leipzig zu einem bewundernd zu ihm aufblickenden Freund.

Er stammt, gleich der Stiefmutter Martin Bubers, aus Pinks, in Galizien. Die beiden jungen Männer diskutieren über Philosophen und Schriftsteller, die zu dieser Zeit im Gespräch sind. So über Friedrich Nietzsche, über den Soziologen und Philosophen Georg Simmel und den Literaten Peter Altenberg, den Martin Buber in Wien kennengelernt hat und der ihm nun eines seiner Werke mit einer Widmung schickt.

Bezeichnend für die Lebenshaltung der Freunde ist eine Widmung, die Eliasberg in eine Schopenhauer-Ausgabe schreibt, die er Buber schenkt, als dieser Leipzig verläßt: „Mit der gegebenen Welt begnüge Dich – lehren die Weisen. Aber ich rufe Dir kühn: Schaffe Dir selbst eine Welt!"[36]

Eliasberg schildert in seinen Erinnerungen[37] Bubers unerhörte Umtriebigkeit und seine breit gespannten Interessen. Martin tanzt gern, reist häufig, vernachlässigt dabei aber keineswegs sein Studium. Er nimmt als einziger Nicht-Mediziner an Wundts psychologischem Seminar teil, begeistert sich für den Kunstgeschichtler August Schmarsow, besucht die Lese- und Theaterabende der „Literarischen Gesellschaft" und verkehrt im Haus des Rabbiners Dr. Porges, vor allem aber im Salon von dessen Ehefrau, die ihn ihren Freunden und Bekannten als geistreich und kunstsinnig anpreist.

Buber selbst erwähnt einen Vortrag über Lassalle, der auf die Zuhörer einen starken Eindruck macht. Aber gerade die stürmische Zustimmung des Publikums zu Bubers Sicht der Gründergestalt der deutschen Sozialdemokratie veranlaßt ihn, sich skeptisch zu fragen, ob er nicht mit seiner offenbar emphatischen Darstellungsweise zum „lügenhaften Bestätiger eines Idols"[38] geworden sei.

Angesichts des Kreises von Menschen, in dem Buber sich in Leipzig bewegt, aber auch in Hinblick auf seine sich breit fächernde intellektuelle Neugier wird er nach einer ersten Begegnung mit dem Zionismus vor seinem tatkräftigen Engagement für die Bewegung – das ja von Anfang an ein kritisches war – deren auslösende Ereignisse, Ziele und Konsequenzen genau überprüft haben.

Um sich eine Vorstellung von seinem Bewußtseinszustand und seinen Motiven zu machen, ist es notwendig, die Entstehung des Zionismus, mit dem sein Gründer und Propagandist Theodor Herzl einen Ausweg aus der bedrückenden Situation des Judentums aufzuzeigen hoffte, näher zu betrachten.

Bis Ende des 19. Jahrhunderts ist endgültig klar geworden, daß weder Emanzipation – die Befreiung von den Benachteiligungen, die den Juden durch ihre christlichen Herrscher, die christlichen Kirchen und Mitbürger auferlegt worden waren – noch ihre Assimilation in die bürgerliche Gesellschaft zur Auflösung des sich gegen sie richtenden Hasses und zu ihrer vorurteilslosen Behandlung führen werde.

Der Stammbaum des Zionismus beginnt bei Moses Hess (geb. 1812 in Bonn, gestorben 1875 in Paris). Hess ist 1842/43 gemeinsam mit Karl Marx Redakteur der sozialistisch orientierten „Rheinischen Zeitung" gewesen. Seine Theorien eines wahren Sozialismus hatten eine ausgeprägt ethische Grundlage, und Arnold Ruge nannte ihn von daher einen „kommunistischen Rabbi". Hess übt Einfluß auf Karl Marx und Friedrich Engels aus, die aber mit Erscheinen des „Kommunistischen Manifestes" einen anderen Weg als Hess einschlagen werden.

Zum Vorläufer des Zionismus wird Moses Hess vor allem durch sein Werk „Rom und Jerusalem – die letzte Nationalitätenfrage", erschienen 1862. Darin fordert er einen eigenen Staat für das jüdische Volk. Wörtlich heißt es bei ihm:

„Wozu die Täuschung? – Die europäischen Völker haben die Existenz der Juden in ihrer Mitte niemals anders denn als eine Anomalie betrachtet. Wir werden stets Fremde unter Nationen bleiben, die uns wohl aus Humanismus und Rechtsgefühl emanzipieren, aber nie und nimmer achten werden, solange wir nicht das ubi bene ibi patria mit Hintansetzung unserer eigenen großen nationalen Erinnerungen als Grund- und Glaubenssatz voranstellen."[39]

Bei Theodor Herzl, geboren 1860, gestorben 1904, gehen seinem Programm zwei es beeinflussende, entscheidende persönliche Erfahrungen voran. Er studiert nach Übersiedlung seiner Familie in Wien Jura und ist dort solange in einer studentischen Verbindung aktiv, bis er eine für seine Zeit und die judenfeindliche Atmosphäre in Wien nicht untypische Erfahrung machen muß, die der Schriftsteller Hermann Bahr, der derselben Verbindung wie Herzl angehört hat, wie folgt schildert:

„Theodor Herzl [...] war der Glanz und Stolz der Burschenschaft. [...] Ich entsinne mich des Zaubers, der von ihm ausging, noch so deutlich: seine hohe Gestalt, sein spöttischer überlegener Geist und die Ritterlichkeit seines Wesens waren unwiderstehlich. Wir Füchse wunderten uns also nicht weniger als er selbst über die Nachricht, er sei durch einstimmigen Beschluß des Konvents aus unserer Mitte gestrichen worden. Was war geschehen? Die Burschenschaft hatte sich, um nicht hinter der Mode zurückzubleiben, entschlossen, hinfort Juden nicht mehr aufzunehmen und Herzl zu streichen."[40]

Herzl wurde später Pariser Korrespondent der Wiener „Neuen Freien Presse" und erlebte als solcher den Dreyfus-Prozeß mit, bei dem der starke Antisemitismus in Frankreich deutlich zu Tage trat und zunächst zur Verurteilung des zu Unrecht der Spionage Angeklagten führte.

Die geradezu logische Konsequenz, die Herzl aus diesen persönlichen Erlebnissen zieht, neben denen ihm wohl auch eine neue Welle von Antisemitismus nicht entgeht, die sich in Osteuropa aggressiv in Pogromen, in Mittel- und Westeuropa in hetzerischen Kampfschriften gegen das Judentum äußert, ist die Schrift „Der Judenstaat" (1896), in der er die Gründung eines jüdischen Staates fordert. Auch Herzl hat übrigens zunächst in der Assimilation der Juden eine Lösung gesehen, ist aber dann von der Realität eines anderen belehrt worden.

Um hier nur auf einige Schriften des Antisemitismus hinzuweisen, die in diesen Jahren erschienen sind und einem wachen Geist nicht entgehen konnten:

Der Orientalist Paul de Lagarde hat als Vorläufer des

völkischen Gedankens die Loslösung des Christentums vom Alten Testament und die Austreibung der Juden gefordert und geäußert: „Es gehört ein Herz von der Härte einer Krokodilhaut dazu, um mit den armen, ausgesogenen Deutschen nicht Mitleid zu empfinden und [...] die Juden nicht zu hassen und [...] (jene), die – aus ‚Humanität'! – diesen Juden das Wort reden, oder die zu feige sind, dies Ungeziefer zu zertreten. Mit Trichinen und Bacillen wird nicht verhandelt, Trichinen und Bacillen werden auch nicht ‚erzogen', die werden so rasch und gründlich wie möglich unschädlich gemacht."[41]

1887 stellt Theodor Fritsch seinen ‚Antisemiten-Catechismus' zusammen, aus dem später das berüchtigte „Handbuch der Judenfrage" entsteht. 1891 scheitert zwar der Versuch, in Xanten am Rhein einen Ritualmordprozeß zu inszenieren. Der Staatsanwalt plädiert schließlich auf Freispruch. Aber im Reichstag erklärt Hofprediger Stöcker dazu:

„... keiner, der die Geschichte kennt, (wird) leugnen, daß Christen, insbesondere Kinder, durch die Hand von Juden aus Fanatismus oder Aberglaube umkamen."[42]

Und Richard Wagner bringt seinen Antisemitismus auf die simple Formel: „Das Böse ist der Besitz, der Besitz ist der Jude – also ist der Jude das Grundübel."[43]

1899 erscheint von Houston Stewart Chamberlain das Buch „Die Grundlagen des XIX. Jahrhunderts", in dem die gesamte Kulturgeschichte nur als ein Kampf der ‚tugendreichen Arier' gegen die ‚lasterhaften Semiten' dargestellt wird.

Angesichts solcher Hetze und gröbster Verunglimpfungen also entwickelt sich bei Herzl die Vorstellung, daß die Judenfrage eine nationale Frage darstelle und nur als solche zu lösen sei.

Extrem bedrückend ist die Lage der Juden in Osteuropa. Insgesamt sind es 10 bis 11 Millionen, für die keine bürgerliche Emanzipation stattgefunden hat. In Rumänien besitzen die Juden weiterhin keine vollen Bürgerrechte.

Im zaristischen Rußland, wo die Hälfte aller osteuropäischen Juden lebt, nehmen die Übergriffe, Einschränkungen und Repressalien in diesen Jahren ständig zu.

So ist es in Rußland 1881 anläßlich der Thronbesteigung Alexanders III. zu gelenkten Aktionen des Mobs gegen die Juden mit dem Ziel ihrer Vertreibung aus den Landgebieten in die Städte gekommen.

Nach den Pogromen von 1881–84 stellt sich die Lage der Juden aus der Sicht eines Mannes aus ihren Reihen so dar:

„Wenn wir mißhandelt, beraubt, geplündert, geschändet werden [...] dann wagen wir es nicht, uns zu verteidigen, und, was noch schlimmer ist, fast finden wir es so in Ordnung."[44]

Hier zeigt sich eine häufige Verhaltensweise bei Verfolgung, nämlich sie als naturgegeben hinzunehmen, als Ausdruck des unerforschlichen göttlichen Willens.

Bei der Analyse der Ursachen des Antisemitismus kommt J. L. Pinsker in diesen Jahren zu dem Ergebnis, dieser sei pathologisch, so tief verwurzelte Geisteshaltungen seien rationalen Gegenargumenten unzugänglich. Juden seien eben für Nicht-Juden ewige und weltweite Fremde, darin einzig, daß sie kein eigenes Land besäßen, dem sie entstammten oder zu dem sie zurückkehren könnten. Sie seien gleich einem Mann ohne Schatten ein Volk ohne Land und damit ein „unnatürliches, gespenstisches Ding".

Irrelevant sei angesichts solcher „Judenphobie" die Hoffnung auf Emanzipation, die nur formal-rechtlicher Art sei und zudem nicht sozial wirke. Außerdem könnten solche „Geschenke" der jeweiligen Gesellschaften wieder zurückgenommen werden.

Die Analyse der Stellung der Juden in der modernen Gesellschaft bei Herzl deckt sich also mit den Erfahrungen und Überlegungen vieler Juden, die die Situation der Judenschaft als ähnlich gefährdet wie er beschreiben und ihn in der Erkenntnis bestärken, daß die Judenfrage nur als eine nationale Frage zu lösen sei.

Ein erster Ausdruck dieser Erkenntnis ist bei Herzl das Drama „Das neue Ghetto" (1. Fassung 1894).

Herzls Weg vom Assimilanten zum Zionisten ist bezeichnend. Er hat, wie Martin Buber diagnostiziert, die Entwicklung des „enttäuschten Liberalen" durchgemacht, der sich unter dem Eindruck der Irrationalität des Antisemitismus zum Nationalismus bekannte.

Auf dem Ersten Zionistischen Kongreß in Basel 1897 ruft dann Herzl die Zionistische Weltorganisation ins Leben. Das sogenannte „Basler Programm" wird angenommen. Es heißt darin: „Der Zionismus erstrebt die Schaffung einer öffentlich-rechtlichen Heimstätte des jüdischen Volkes."

Im Hinblick auf die spätere politische Entwicklung scheint es nicht unwichtig festzuhalten, daß es zu diesem Zeitpunkt ganze neunzehn jüdische Siedlungen in Palästina gibt, die 45 000 Morgen Landbesitz umfassen und von 4350 Juden bewohnt werden. Weiterhin gibt es noch etwa 10 000 Morgen unbesiedeltes Land westlich, und 20 000 Morgen östlich des Jordans, das sich in jüdischem Besitz befindet. In neun Städten wohnen 45 000 Juden, davon allein 28 254 in Jerusalem.[45]

Zumindest unter den Juden Wiens, soweit sie zum gehobenen Bürgertum gehören, wird Herzls Programm alles andere als begeistert aufgenommen.

Über die Haltung dieser gesellschaftlichen Gruppe hat Stefan Zweig in seinem Erinnerungsbuch „Die Welt von gestern" dies berichtet:

„Ich saß, als diese knappe, aber mit der Durchschlagskraft eines stählernen Bolzens versehene Broschüre[46] erschien, noch im Gymnasium, kann mich aber der allgemeinen Verblüffung und Verärgerung der Wiener bürgerlich-jüdischen Kreise wohl erinnern. Was ist, sagten sie unwirsch, in diesen sonst so gescheiten, witzigen und kultivierten Schriftsteller [nämlich Herzl] gefahren? Was treibt und schreibt er für Narrheiten? Warum sollen wir nach Palästina? Unsere Sprache ist deutsch und nicht hebräisch, unsere Heimat das schöne Österreich. Geht es uns nicht vortrefflich unter dem guten Kaiser Franz Joseph? Haben wir nicht unser anständiges Fortkommen, unsere gesicherte Stellung? Sind wir nicht gleichberechtigte Staatsangehörige, nicht eingesessene und treue Bürger dieses geliebten Wien? Und leben wir nicht in einer fortschrittlichen Zeit, welche alle konfessionellen Vorurteile in ein paar Jahrzehnten beseitigen wird? Warum gibt er, der doch als Jude spricht und dem Judentum helfen will, unseren bösen Feinden Argumente in die Hand und versucht uns zu sondern, da doch jeder Tag uns näher und inniger der deutschen Welt verbindet? Die Rabbiner ereiferten sich von den Kanzeln, der Leiter der ‚Neuen Freien Presse' verbot, das Wort ‚Zionismus' in seiner ‚fortschrittlichen' Zeitung auch nur zu erwähnen. Der Thersites der Wiener Literatur, der Meister des giftigen Spottes, Karl Kraus, schrieb eine Broschüre, ‚Eine Krone für Zion', und wenn Theodor Herzl das Theater betrat, murmelte man spöttelnd durch alle Reihen: ‚Seine Majestät ist erschienen!'."[47]

Unter dieser Gruppe jüdischer Bürger Wiens kursierte auch das Bonmot, das eine launige Antwort auf die Frage, was es denn mit dem Zionismus auf sich habe, gibt: „Zionismus, das ist, wenn ein Jud' einem zweiten zuredet, Geld zu spenden, mit dem man einem dritten die Reise nach Palästina bezahlen kann."[48]

Am 3. September 1897 schreibt Herzl in sein Tagebuch:

„Fasse ich den Basler Kongreß in ein Wort zusammen – das ich mich hüten werde, öffentlich auszusprechen – so ist es dieses: In Basel habe ich den Judenstaat gegründet.

Wenn ich das heute laut sagte, würde mir ein universelles Gelächter antworten. Vielleicht in fünf Jahren, jedenfalls in fünfzig Jahren, wird es jeder einsehen."[49]

1898 erfolgt die Gründung der Zionistischen Bank „Jewish Trust", 1901 richtet Herzl den jüdischen Nationalfonds (Keren Kajemet Lejisrael) zum Erwerb von Grund und Boden als Nationalbesitz des jüdischen Volkes ein. Er versucht, als anerkannter Vertreter der Zionistischen Organisation im besonderen die Großmächte für seinen Staatsgedanken zu gewinnen. 1898 wird er durch Vermittlung des Großherzogs von Baden von Kaiser Wilhelm II. empfangen, der eine deutsche Protektion in Aussicht stellt. Er führt Verhandlungen mit den Osmanen und Engländern, die jedoch scheitern.

Neben seinen politischen Tätigkeiten bleibt Herzl Feuilletonredakteur der „Neuen Presse" in Wien und versucht sich weiter in der Schriftstellerei, der seine heimliche Liebe gilt. Im Roman „Altneuland" (1902) zeichnet er das Zukunftsbild eines aristokratisch geleiteten jüdischen Staates.

Theodor Herzl ist ein Mann mit einem großen Charisma, dem sich kaum jemand ganz zu entziehen vermag. Auch auf Martin Buber verfehlt es, trotz teilweise gegensätzlicher Vorstellungen, von denen noch zu reden sein wird, seine Wirkung nicht.

Wichtiger aber ist vielleicht noch, daß Buber im Zionismus einer jüdischen Aufgabe begegnet, der er sich mit gleichem Enthusiasmus widmen kann wie sein von ihm bewunderter Großvater, Salomon Buber, der Auslegung religiöser Schriften. Daraus ergibt sich eine neue und letztlich glückliche Identifizierung mit seiner „eigentlichen" Familie, seinen Großeltern väterlicherseits, wichtig wohl auch, weil Martin Bubers Vater den intellektuellen Aktivitäten seines Sohnes eher skeptisch gegenübersteht.

Es ist bezeichnend, daß Buber im Januar 1900 zum Geburtstag an den Großvater u. a. schreibt:

„Ich kann Dir meine Dankbarkeit und meine Liebe nicht besser bezeigen, als wenn ich – auf meinen Gebieten – Deiner Art nacheifere und mein Leben, wie Du, in den Dienst des jüdischen Volkes stelle. Du hast aus der Geistesarbeit der jüdischen Vergangenheit Schätze geholt und verwertet; mir Jungem, der nach der Tat noch mehr als nach der Erkenntnis verlangt, schwebt es vor, an der jüdischen Zukunft mitzuarbeiten und mitzuschaffen.

Aber uns Beide beherrscht der Geist des ewigen Volkes und in diesem Sinne kann ich wohl sagen, daß ich Dein Lebenswerk fortsetzen will."[50]

Dies Kredo ist gewiß ernst zu nehmen, und der Enkel ist bemüht, es sein Leben lang getreulich einzulösen.

Maurice Friedman kommentiert: „Die neue zionistische Bewegung Theodor Herzls befreite Buber von seinem jugendlichen Narzißmus."[51] Jene Bildungsarroganz, die er in Leipzig noch gern zur Schau gestellt und mit der er versucht hatte, Eliasberg zu beeindrucken, verlor sich nun.

Auch an Hans Kohns Bemerkung soll erinnert werden: Ohne den Zionimus wäre Buber vielleicht einer der einsamen und tragischen Literaten geworden, die von allen Kulturen der Welt fasziniert sind, ohne in irgendeiner verwurzelt zu sein.

Der Zionismus bzw. Bubers Engagement auf der Seite der sogenannten demokratischen Fraktion, in der die jungen Zionisten, wie man heute sagen würde, ihr „Kulturprogramm" entwickeln – dieses scheitert allerdings schließlich an Geldmangel –, und deren Ansicht, der Zionismus müsse weniger im Zeichen des Nationalismus stehen als vielmehr als kulturelle jüdische Renaissance durchgesetzt werden, sind reale politische Erfahrungen. Und doch werden sie, gerade durch die Schwierigkeiten, denen er dabei begegnete, Buber auf eines seiner großen Lebensthemen, die Entdekkung des Chassidismus, die Nachdichtung der chassidischen Schriften und deren Interpretation, hingewiesen haben. Eine kulturelle Aufgabe, die gewiß glücklich gefördert wurde durch die Begegnung mit Paula Winkler, jener jungen Frau, die Martin Bubers Ehepartnerin werden wird. Ohne ihre liebevolle Zuwendung und Bestärkung wäre Bubers wahrlich gigantisches und vielseitiges schöpferisches Lebenswerk wohl kaum möglich geworden.

Man muß aber auch sehen, daß Herzl Buber zunächst durchaus als ein zur Befreiung seines Volks aufrufender „Held" erscheint. Als er sich in späteren Jahren an seine Eindrücke aus dem Jahr 1899, als er auf dem dritten Zionistenkongreß in Basel Sprecher für das Agitationskomitee war, erinnert, urteilt er immer noch recht verherrlichend:

„Herzl hatte eine Miene, die vom Glanz des Messias erleuchtet war."[52]

Als Herzl Buber 1901 bittet, die Schriftleitung der zionistischen Wochenzeitschrift „Die Welt" zu übernehmen, wertet das Buber als Vertrauensbeweis und freut sich über schöne Arbeitsmöglichkeiten. Noch ist er ganz und gar von Herzl begeistert.

In den Jahren danach aber, als die Bewußtseinsdifferenz zwischen West- und Ostjuden im Zionismus zunehmend eine Rolle spielt, muß er sich allmählich über gewisse Widersprüche in der Person Herzls klar geworden sein. Gegensätze mußten sich aus dessen Fremdheit gegenüber den spirituellen und religiösen Traditionen des Judentums ergeben, die für Buber und seine Freunde Weizmann und Feiwel wichtig sind, diese 1902 zur Gründung eines Jüdischen Verlages veranlassen und auch 1903 das Flugblatt inspirieren, mit dem von ihnen zur Gründung einer jüdischen Universität aufgerufen wird.

Herzl „besaß als echter Liberaler Sinn für die Würde und Freiheit des Menschen – die religiöse Überlieferung und das Glaubensgeheimnis Israels waren ihm fremd", hören wir bei Grete Schaeder.[53]

Brisant werden die Gegensätze in der zionistischen Bewegung, als Herzl auf dem Zionisten-Kongreß 1903, auf dem Buber anwesend ist, unter dem Eindruck des Pogroms von Kischinew, Uganda als nationale Heimstätte für die Juden anstrebt, was auf Ablehnung bei den Ostjuden stößt.

1904 stirbt Herzl überraschend. Zuvor ist der Bruch zwischen Buber und ihm absehbar geworden, nachdem Herzl in einem Brief recht apodiktisch feststellt, die sogenannte demokratische Fraktion sei einen Irrweg gegangen, und Buber auffordert, in den „Mainstream" der zionistischen Bewegung zurückzukehren.

Den durchaus widersprüchlichen Eindruck, den Buber von Herzl schließlich gewinnt, hat er in seinem Nachruf fair, aber deutlich umrissen:

„Trotz aller Schwächen übte Herzl einen unbeschreiblichen Einfluß auf seine ganze Umgebung aus. Es ging etwas Bannendes von ihm aus, dem kaum zu widerstehen war. Am mächtigsten aber wirkte er auf die Massen des Volkes, die ihn nie gesehen hatten. Die Volksphantasie wob eine zärtliche Legende um ihn, tauchte seine Handlungen in das Dämmer des Geheimnisses, schmückte seine Stirn mit messianischem Glanze [...] Er hinterließ auch in seinen Gegnern das Bild einer sonnenhaften, harmonisch gebundenen Erscheinung. Niemand hat die Reinheit seines Wesens, die Treue seiner Hingabe, die Aufrichtigkeit seines Wirkens angezweifelt."[54]

Daß die Auseinandersetzung bei Buber tiefe Spuren hinterläßt und ihn lange beschäftigt, zeigt sich noch Jahrzehnte später in der literarisch verkleideten Umsetzung des Spannungsverhältnisses in Bubers chassidischem Roman „Gog und Magog".

4

Paula – die wiedergefundene Mutter

„Liebe ist Verantwortung eines Ich für ein Du: hierin besteht, die in keinerlei Gefühl bestehen kann, die Gleichheit aller Liebenden, vom kleinsten bis zum größten …"

Martin Buber: Ich und Du (1923)

Das Sommersemester 1899 hat Martin Buber an der Universität Zürich verbracht. Im Seminar der Germanisten lernt er eine junge Frau kennen. „Nach einer kurzen Romanze, die eine denkwürdige Tanzveranstaltung in den Alpen bis zum frühen Morgen einschloß", willigt sie ein, „seine Lebensgefährtin zu werden."[55]

Diese spärliche Mitteilung, die freilich die Phantasie der Nachwelt ungemein beflügelt hat, ist alles, was die bisherigen Biographen Bubers über die Begegnung von Martin Buber und seiner später Ehefrau Paula Winkler in der Lage waren festzustellen. Herzlich wenig, zumal jeder von ihnen die Bedeutung Paulas für Bubers weiteren Lebensweg und ihren Einfluß auf sein Werk nachdrücklich betont.

Was Paula Winkler angeht, ist selbst die Darstellung durch Haim Gordon, der unabhängig genug ist, auch die Schattenseiten in Martin Bubers Persönlichkeit nicht zu verschweigen, durchaus von geradezu liebevoller Sympathie bestimmt:

„Hochgewachsener, handfester und in Dingen der Welt willensstärker als ihr Gefährte, nahm Paula die zahlreichen Aufgaben des Familienlebens auf sich und ermutigte Martin, sich gänzlich dem Ausdruck seiner Schöpferkraft zu widmen. Sie gab ihm Geborgenheit, bediente ihn, war ihm ein Herausforderung, aber liebte ihn zärtlich. Er war ihr Liebhaber und in weitem Maße das Kind ihres schöpferischen Willens. In einem Liebesbrief gesteht er, daß er in ihr seine längst verlorene Mutter wiedergefunden hat."[56]

„Deine Briefe", lautet die entsprechende Passage, „sind das Einzige, das mir Kraft gibt. Alles Andere ist zu sehr in Sorge und Unrast hineinverwoben. Deine Briefe sind das Allereinzigste. Außer ihnen vielleicht noch der Gedanke, daß eine Mutter in Dir ist, der Glaube daran. Jetzt weiß ich es: ich habe immer und immer meine Mutter gesucht."[57]

Ein anderes Dokument, in dem sich die Intensität dieser Liebesbeziehung und ihre Bedeutung für Martin Buber ausdrückt, ist ein von ihm „Für Dich" überschriebenes, in seiner Sprachform etwas dunkles Schriftstück aus dem Jahr 1902, in dem es heißt:

„Erst als du zu mir kamst, habe ich meine Seele gefunden. Und wenn meine Seele bedrängt ist, von jener Stunde ab und in Ketten geschlagen, – ist nicht ein armes Kind, nach dem der Tod langt, unendlich mehr als aller Traum? Und wenn meine Seele unfruchtbar bleiben sollte bis an das Ende. [...] Als ich Dich aber fand, da fand ich meine Seele. Du kamst und gabst mir meine Seele. Ist nicht meine Seele so: Dein Kind? Und so wirst Du es lieben müssen ..."[58]

Von diesen Zeilen schlägt sich ein Bogen zu jenem Gedicht, das Buber Jahrzehnte später in Paulas Exemplar eines seiner Bücher schrieb:

„Weißt du es noch, wie wir in jungen Jahren
Mitsammen sind auf diesem Meer gefahren?
Gesichte kamen, groß und wunderlich,
Wir schauten miteinander, du und ich.
Wie fügte sich im Herzen Bild zu Bildern!
Wie stieg ein gegenseitig reges Schildern
Draus auf und lebte zwischen dir und mir!
Wir waren dort und waren doch ganz hier.

Und ganz zusammen, streifend und gegründet.
So ward die Stimme wach, die seither kündet
Und alte Herrlichkeit bezeugt als neu,
Sich selbst und dir und dem Mitsammen treu.
Nimm denn auch dieses Zeugnis in die Hände,
Es ist ein Ende und hat doch kein Ende,
Denn Ewiges hört ihm und hört uns zu,
Wie wir aus ihm ertönen, ich und du."[59]

Über den Sinn und das Sein von Ehe hat Martin Buber später geschrieben:

„Wer ‚eine Ehe eingegangen ist', wer in die Ehe eingegangen ist, hat in der Intention des sacramentum damit Ernst gemacht, daß der Andere *ist:* daß ich am Seienden nicht rechtmäßig teilnehmen kann, ohne am Sein des Andern teilzunehmen."[60]

Erinnert werden sollen auch jene wunderbaren Sätze einer intellektuellen Liebeserklärung aus einem Brief, den Buber 1902 an Paula aus Lemberg schrieb, wo er sich zum Besuch bei den Großeltern aufhielt:

„Überhaupt muß man das ganze Welträtsel an Einen Menschen binden, sonst ist man übel dran. Im Talmud heißt es: ‚Wer über vier Dinge Betrachtungen anstellt, für den wäre es besser gewesen, er wäre nicht auf die Welt gekommen, nämlich darüber was oben, was unten ist, was vorher gewesen ist und was nachher sein wird.' Ich möchte lieber sagen: betrachte alle Mysterien, aber in Einem Menschen, der Dein ist, und Du liegst am Herzen der Welt. Denn alles ist in Jedem und nur die Liebe kann es heben."[61]

Und zur Gewißheit wird ihm, „daß ich auf die lebenslange Anrede Gottes an mich nicht antworten kann, ohne für den Andern mitzuantworten; daß ich mich nicht verantworten kann, ohne den Andern mit zu verantworten, als der mir anvertraut ist."[62]

Was wissen wir nun über diese Frau, die für Bubers Leben derart bedeutsam wurde und deren Gemeinschaft ihm solches Bewußtsein entwickeln hilft?

Paula Winkler ist, als die beiden sich kennenlernen, fast ein Jahr älter als der 21jährige Martin Buber. Sie stammt aus einer katholischen Offiziersfamilie in München. Von Theodor Lessing, dessen Lateinschülerin sie war, erfahren wir, daß sie vor ihrem Studium eine Zeitlang in einer Künstlerkolonie in Tirol gelebt und als erste Frau die Alpen mit einem Fahrrad überquert hat. Freilich ist Lessings Charakterisierung – „ein wildes Albwesen", „umheimlich gescheit und herrischen Willens" – von dem Umstand bestimmt, daß er selbst in sie verliebt gewesen ist, aber von ihr abgewiesen worden war. In gewissem Sinn aber wird Lessings Urteil von Buber geteilt, wie sich aus mehreren seiner Äußerungen ergibt. In einem Vorwort, das er zu einem Band ihrer Erzählungen beisteuert, heißt es: „Sie wußte um das Elementarische von ihrem eigenen Grund aus."[63]

Eine andere einsichtsvolle, originell-poetische Darstellung ihrer Persönlichkeit – freilich aus späteren Jahren – stammt von dem evangelischen Pfarrer und Dichter Albrecht Goes, der schreibt:

Paula Buber „war eine grundgescheite bayrische Großbäuerin; nein, sie war es nicht, sie war durchaus Martin Bubers Frau, aber sie hätte es sein können. Ein Hauch von München war im Zimmer, sobald sie eintrat, wenn München heißt: Barock und Koboldspiel, föhngelbes Licht an der Theatinerkirche, Valentins Logik und Valentins Hintersinnigkeit; Madonnen, die wie vom Viktualienmarkt aufsteigen zur Ehre des Altars; Canalettofarben ringsum und ein Lächeln, fast in der Luft noch ..."[64]

Alle Verwandten und Bekannten aus dem engeren und weiteren Lebenskreis des Paares stimmen darin überein, daß die Beziehung zwischen den beiden lebenslang eine recht glückliche war. Aber auch immer wieder bestätigt sich in den Zeugnissen, daß Martin Buber dabei seine Patriarchenrolle mit allen Gewohnheiten im Alltag, die sich aus ihr ergaben – Rückzug in die Sphäre seiner Gelehrsamkeit, wenig bis keine Teilnahme an der Erziehung der Kinder –, als selbstverständlich ansah. Ein realistisches Bild vom späteren Ehealltag entwirft die Enkelin Judith Agassi-Buber, die in einem Interview mit Haim Gordon auf die Bitte, die Art der Beziehung zwischen ihren Großeltern zu schildern, dies antwortet:

„Nun, sie lebten mehr als sechzig Jahre zusammen – Paula war zwanzig als sie einander begegneten, und sie war 81 als sie starb – das ist eine lange Zeit für eine menschliche Beziehung. Paula war aktiv mit Bubers Werk verbunden, besonders bei der Wortwahl und linguistischen Problemen. Während der Mahlzeiten, besonders in den Jahren, als Buber die Schrift übersetzte, diskutierten sie über die Sprache. Sie nahm seine Arbeit sehr ernst und brachte ihr großen Respekt entgegen. Sie forderte uns (Kinder) auch immer auf, ja leise zu sein und ihn nicht bei der Arbeit zu stören. Obgleich sie auch ein eigenes Arbeitszimmer hatte, wo sie schrieb, war sie der Ansicht, daß seine Begabung der ihren überlegen sei. Aber manchmal wurde sie wütend, dann brach es bitter und zornig aus ihr heraus."[65]

Paula ist, als sie Buber kennenlernt, auf dem Weg, selbst Schriftstellerin zu werden. Zunächst gelingt es ihr, 1901 in der von Herzl redigierten Wiener „Neuen Freien Presse" einen Text unterzubringen, und Herzl nennt sie, und dies wohl nicht nur aus Höflichkeit, „ein großes Talent".

Im selben Jahr erscheinen in der Zeitschrift „Die Welt"[66], dem Blatt der jungen Zionisten, „Die Betrachtungen einer Philosemitin". All dies geschieht, wie auch später die Veröffentlichung ihrer Romane, unter dem männlichen Pseudonym Georg Munk, das sie nicht gelüftet sehen will.

1901 finden wir in einem ihrer Briefe, in dem sie auch ihren Glauben an eine speziell jüdische Lyrik zum Ausdruck bringt, den Satz:

„Glaube nicht, Liebster, daß ich nicht mit meinem ganzen Sein bei Dir wäre. Ich bin's wahrhaftig, war es noch nie so sehr.

Ich wachse an Deiner Sache heran, das mußt Du, wirst Du finden. Sie wird die meine und die der Kinder soll sie werden."[67]

Ihre Äußerung in den „Betrachtungen" zeigt, daß zwar die Liebesbeziehung zu Martin Buber bei ihrem Bekenntnis zum Zionismus eine Rolle spielt, aber die Wurzeln doch tiefer liegen, nämlich in ihrer Kindheit, da sie miterlebt hat, wie eine Gruppe Kinder einen kleinen Jungen als Judenkind beschimpften.

Daß nur spärliche Informationen über die näheren Umstände der Beziehung zwischen Paula Winkler und Martin Buber in den Jahren zwischen 1899 und 1905 vorliegen, mag damit zusammenhängen, daß Paula mit ihrem Bekenntnis zum Zionismus und ihrem Übertritt zum Judentum bei ihren katholischen Eltern auf kein Verständnis stößt, während Martin Buber durch die Lebensgemeinschaft mit einer Nicht-Jüdin von zionistischen Freunden gemieden wird, die grundsätzlich gegen sogenannte „Misch"-Ehen sind.

Martin ist österreichischer Staatsbürger. In Österreich gibt es zu dieser Zeit keine Zivilehe.

Die beiden Kinder des Paares, Rafael (1900) und Eva (1901), kommen zur Welt, ehe Paula vor einem orthodoxen Rabbi konvertiert und Paula und Martin Buber heiraten. Ihre Enkeltochter, Judith Agassi-Buber, hat in dem Gespräch mit Haim Gordon[68] die Meinung geäußert, daß für die Konversion, die erst erfolgte, als sich die beiden schon sieben Jahre kannten, letztlich Gründe der Konvention ausschlaggebend gewesen sind. Später habe Paula, nach ihrem Glauben befragt, erklärt: „Ich bin eine Heidin." Im übrigens sei sie in einer Familie aufgewachsen, die ihren Katholizismus nie sehr ernst genommen habe.

All dies steht nicht im Widerspruch zu ihrer zionistischen Überzeugung. Erklärend berichtet die Enkelin Judith im Gespräch mit Gordon:

„Aber sie war eine Zionistin und engagierte sich für den Zionismus schon ehe sie Buber kennenlernte. Sie hatte nichts dagegen, daß ihre Kinder eine jüdische, eine zionistische Erziehung erhielten. Sie half Buber seine ersten beiden Bücher mit Chassidischen Geschichten schreiben, besonders war sie am Buch über den Rabbi Nachman beteiligt. Wenn der Großvater die jüdischen Feiertage halten wollte, ordnete sie sich diesen Wünschen unter und führte mit deutscher Gründlichkeit die Rituale beim Passah Seder, bei Hanuka, Purim und den anderen jüdischen religiösen Festen aus."[69]

Paula lebt zunächst mit den Kindern in Österreich. Wo, das geht aus ihren Briefen, die in der großen dreibändigen Briefausgabe ohne Ortsangabe und auch offenbar gekürzt abgedruckt sind, nicht hervor und läßt sich auch aus der übrigen vorliegenden Literatur nicht erschließen. Auch bleibt offen, inwieweit Martin Buber Paula materiell unterstützt hat oder wie sie sich sonst mit den beiden Kindern durchs Leben geschlagen hat, zumal ja auch der Kontakt zu ihrer eigenen Familie offenbar abgerissen war.

Martin Buber setzt unterdessen sein Studium in Berlin fort.

Im Februar 1905 mahnt der Großvater Salomon, angesichts des Geburtstags des Enkels offensichtlich besorgt und in eher unsicherem Deutsch: „Nebst Ruhm sollst auch eine gesicherte Zukunft haben. Wie weit bist Du mit Deine Arbeit, musst Du in Berlin noch lange bleiben, hat Dein Dort sein ein Zweck? Bitte schreib mir a Mal was Du denkst, und zu was bist entschlossen. Gott leite Dein Tun wie es wünscht dein treuer Großvater."[70]

Salomon Buber weiß, als er diesen Brief schreibt, offenbar noch nicht, daß Martin Buber im Juli 1904 an der Franz-Josephs-Universität zu Wien promoviert worden ist, und zwar mit einer Arbeit in Philosophie und Kunstgeschichte zu dem Thema „Beiträge zur Geschichte des Individuationsproblems".

Das Thema ergibt sich aus Bubers Beschäftigung mit der deutschen Mystik, die schon einige Jahre vorher begonnen hat und nun immer mehr in den Mittelpunkt seines Interesses rückt.

Daß Martin Buber sich der Gefährdung seiner existentiellen Situation bewußt gewesen ist, wird aus Briefen an die zumeist ferne Lebensgefährtin und an Freunde in der zionistischen Bewegung deutlich. Da ist gegenüber Paula von der Notwendigkeit die Rede, „alle Kräfte zusammenzunehmen". Da schreibt er im Januar 1903 an den ebenfalls in finanziellen Nöten steckenden Freund Chaim Weizmann – später der erste Präsident des Staates Israel – nach einen Pumpversuch:

„Ich selbst habe nichts und muß mir jeden Tag bei einem anderen Bekannten einige Gulden leihen. Dazu kommt noch, daß mein Bub [Rafael] erkrankt ist und die Ausgaben sich dadurch vergrößert haben. Du, der Du doch nicht für Andere zu sorgen hast, kannst Dir diese Lage kaum vorstellen [...] ich muß immer und immer an Beschaffung von Geldern denken und komme infolgedessen zu keiner systematischen Arbeit [...] Fast jeden Augenblick fühle ich den Abgrund dicht an meinen Füßen."[71] Die Kulturarbeit für die zionistische Bewegung, bei der Buber auch unangenehme Intrigen erlebt, nimmt viel Zeit in Anspruch; zugleich locken künstlerisch-literarische Projekte wie die Abfassung einer Novelle über die Lilith-Gestalt. Er meint, solchen Einfällen Raum geben zu müssen, sie seien eine „Sache auf Leben und Tod", erklärt er Paula in einem Brief. Als festen Beruf stellt er sich noch eine Privatdozentur vor, wozu die Habilitation die Voraussetzung wäre, eine Möglichkeit, die später verworfen wird.

Die Veränderung, die sich in diesem Lebensabschnitt bei ihm vollzieht, wird er später in harmonisierender Rückschau so bilanzieren:

„Ich zog mich, sechsundzwanzigjährig, für fünf Jahre von der Tätigkeit in der zionistischen Bewegung, vom Artikelschreiben und Redenhalten, in die Stille zurück, ich sammelte, nicht ohne Mühe, das verstreute, zum Teil verschollene Schrifttum [des Chassidismus], und ich versenkte mich darein, Geheimnisland um Geheimnisland entdeckend."[72]

Die materielle Voraussetzung für die „Kehre", die ihn zu einem seiner bedeutendsten Werke führt, war damit geschaffen worden, daß die geliebte und verehrte Großmutter Adele, die damit wohl auch die Etablierung einer gewissen bürgerlichen Ordnung erreichen will, der nun vierköpfigen Familie einen einjährigen Aufenthalt in Florenz finanziert.

5
Mystik, Landauer und die Entdeckung des Chassidismus

„Und der Jude erfährt als Teil der Welt, so heftig wie vielleicht kein Teil der Welt sonst, ihre Unerlöstheit. Er spürt diese Unerlöstheit in seiner Haut; er schmeckt sie mit seiner Zunge; die Last der unerlösten Welt liegt auf ihm."

Martin Buber: Die Brennpunkte der jüdischen Seele (1930)

Die Beschäftigung mit der deutschen Mystik „von Meister Eckhart bis Angelus Silesius" hat sich bei Buber durch die Studien zur Doktorarbeit ergeben, in der er sich mit Nikolaus von Kues und Jakob Böhme auseinandergesetzt hat.

Das wird einige Jahre später zu einer Reihe von Übersetzungen und Interpretationen führen, die im Eugen Diederichs Verlag erscheinen. Das wichtigste Buch dieser Werkgruppe ist zweifellos „Ekstatische Konfessionen" (1909), die Darstellung von Zuständen mystischer Ekstase in verschiedenen Kulturen und Religionen. Darin zeigt er, daß der Mystiker in der Ekstase die wahre und vollkommene Einheit von Ich und Welt, von Einem und Vielem erreicht.

„Die Lehre des Tao" (1910) erscheint Maurice Friedman als ein „entscheidender Schritt vorwärts bei der Integration seiner Begegnung mit der Mystik in seine persönliche Philosophie."[73] Dieser Artikel konzentriere sich nicht auf mystische Erfahrung, sondern auf eine zentrale Lehre und eine zentrale Person. Die Lehre ist eine einfache Ganzheit, die das ganze Leben einer Person umfaßt. Echtes Leben sei vereinigtes Leben. Jedes Ding enthülle das Tao durch die Art seiner Existenz, durch sein Leben. Die Lehre werde im echten Leben verwirklicht, ein so beschaffenes Leben sei Leben des „zentralen Menschen". Ein solcher füge der Lehre keine neuen Elemente hinzu. Vielmehr erfülle er sie durch authentisches, eigenes Leben und erhebe dadurch das Bedingte ins Unbedingte.

Hier macht Buber einen weiteren wichtigen Schritt auf dem Weg zu seiner eigenen Philosophie.

Die Beschäftigung mit der Mystik wiederum bringt ihn in Kontakt mit einem Menschen, der auf seine geistige Entwicklung Einfluß ausgeübt hat wie kaum ein zweiter: Gustav Landauer.

Eine großzügige finanzielle Gabe der Großmutter – wir haben es schon erwähnt – hat dem Enkel und seiner Familie im Winter 1905/1906 einen Florenz-Aufenthalt ermöglicht, der zu einer Zeit der Reflexion und der Neuorientierung wird. Im Mittelpunkt seines Interesses stehen die Glaubensvorstellungen des Chassidismus, von dem hier nur eine vorläufige Definition gegeben werden soll:

„Das hebräische Wort ‚Chassid' bedeutet: ein Frommer. Es gab im nachexilischen Judentum immer wieder Gemeinschaften, die den Namen Chassidim, Fromme, trugen: von jenen, über die das erste Buch der Makkabäer als über eine der Lehre treugebliebene, für sie kämpfenden Schar berichtet; und jenen, von denen die Mischna sagt, wer spreche: ‚Was mein ist, ist dein, und was dein ist, ist mein', wer sich selber also kein Eigentum zuspreche, sei ein Chassid, bis zu jenen ‚Chassidim', deren anderthalbtausend im Jahr 1700 unter steten Kasteiungen in das Heilige Land ziehen, um das messianische Reich herbeizubringen." Sie gehen dort tragisch unter. Und da sind schließlich die Chassidim um Israel ben Elieser, dem „Baal-Schem", jene um die Mitte des 18. Jahrhunderts begründete Gemeinschaft, die nach einer kurzen, an denkwürdigen Gestalten reichen Blütezeit langsam verfällt, aber in Bubers Kindheit und Jugend noch einen großen Teil der östlichen Judenheit umfaßt.

„Ihnen allen ist es gemeinsam, daß sie mit ihrer Frömmigkeit, mit ihrer Beziehung zum Göttlichen im irdischen Leben Ernst machen wollen; daß sie sich nicht mit gepredigter Gotteslehre und geübtem Gottesdienst begnügen, sondern das Miteinanderleben der Menschen auf der Grundlage der göttlichen Wahrheit aufzurichten versuchen."[74]

Gerade jener letzteren Gruppe der Chassiden gilt Bubers besonderes Interesse. Dabei sind nun wiederum zwei Aspekte als charakteristisch hervorzuheben: der einer mit dem Glauben verbundenen gesellschaftlichen Utopie und der eines Glaubens, der sich im Alltag erweist und gelebt wird.

Lebensgeschichtlich ist bei Buber die Beschäftigung mit dem Chassidismus ohne den Rückgriff auf Kindheits- und Jugenderlebnisse in Galizien nicht denkbar, was ihm selbst durchaus bewußt ist:

„Das Bild aus meiner Kindheit, die Erinnerung an den Zaddik und seine Gemeinde stieg empor und leuchtete mir: ich erkannte die Idee des vollkommenen Menschen. Zugleich wurde ich des Berufs inne, sie der Welt zu verkünden."[75]

Was die Erwähnung des Zaddik und seiner Gemeinde bedeutet, wie sich ein Kindheitserlebnis im Laufe der Jahre geradezu in eine für ihn existentiell wegweisende Metapher verwandelt hat, zeigt der folgende Bericht:

„In meiner Kindheit [...] brachte ich jeden Sommer auf einem Gut in der Bukowina zu. Da nahm mich mein Vater zuweilen in das nahe Städtchen Sadagora mit. Sadagora ist der Sitz einer Dynastie von „Zaddikim" (Zaddik: Gerechter, Bewährter, Vollkommener), das ist von chassidischen Rabbis. Die ‚Gebildeten' reden von ‚Wunderrabbis' und glaubten Bescheid zu wissen. Aber sie wissen, wie es nun einmal den ‚Gebildeten' in solchen Dingen geht, nur um die äußerste Oberfläche Bescheid. Wohl ist die legendäre Größe der Ahnen in den Enkeln geschwunden, und etliche bemühen sich, durch allerlei kleine Magie ihre Macht zu bewahren; aber all ihr Treiben vermag das angeborene Leuchten ihrer Stirn nicht zu verdunkeln, die angeborene Erhabenheit ihrer Gestalt nicht zu verzerren: ihr unwillkürlicher Adel spricht zwingender als all ihre Willkür. Und wohl lebt in der heutigen Gemeinde nicht mehr jener hohe Glaube der ersten Chassidim, die im Zaddik den vollkommenen Menschen ehrten, in dem das Unsterbliche seine sterbliche Erfüllung findet; vielmehr wenden sich die Heutigen an ihn vornehmlich als an den Mittler, durch dessen Fürsprache sie Stillung ihres Bedürfens zu erlangen hoffen; aber es ist immer noch, ihrem niedern Wollen entrückt, ein Schauer urtiefer Ehrfurcht, der sie ergreift, wenn der ‚Rebbe' im stummen Gebet steht oder beim dritten Sabbatmahl in zögernder Rede das Geheimnis der Thora deutet. Auch in diesen Abgearteten glüht noch, im unbekannten Grund ihrer Seelen, das Wort des Rabbi Eleasar fort, um des vollkommenen Menschen („Zaddik") willen, und sei es um eines einzigen willen, sei die Welt erschaffen worden ..."[76]

Buber selbst ist sich in diesen Jahren bewußt, sich in seiner Existenz in einer Krise zu befinden, die er so umschreibt:

„Bis in mein zwanzigstes Jahre, in geringerem Maße auch noch darüber hinaus, war mein Geist in stetiger und vielfältiger Bewegung, in einem von mannigfaltigen Einflüssen bestimmten, immer neue Gestalt annehmenden Wechsel von Spannungen und Lösungen, aber ohne Zentrum und ohne wachsende Substanz: es war wahrhaftig der ‚Olam ha-tohu', die ‚Welt des Wirrsals', die mythische Wohnstätte der schweifenden Seelen, worin ich lebte – in beweglicher Fülle des Geistes, aber wie ohne Judentum, so auch ohne Menschlichkeit und ohne die Gegenwart des Göttlichen."[77]

Er stellt auch fest, bezogen auf sein Engagement für den Zionismus: „Ich bekannte mich zum Judentum, ehe ich es recht eigentlich kannte. [...] Ich hatte mein Hebräisch, das dem Knaben ans Herz gewachsen war, in der Welt des Wirrsals vernachlässigt. Nun erwarb ich es mir neu. Ich begann, es in seinem Wesen zu erfassen, das wohl in keine andere, zumindest in keine abendländische Sprache adäquat übertragen werden kann. Und ich las – las, erst immer wieder von spröder, ungestalteter Materie abgestoßen, allmählich die Fremdheit überwindend, das Eigne entdeckend, das Selbst anschauend, mit wachsender Andacht."[78]

Wir schildern hier nur Bubers Entdeckung des Chassidismus und sparen uns die genauere Darstellung der von Buber übersetzten oder besser nach-geschaffenen Schriften und die Beurteilung dieser schöpferischen Arbeit für den nachstehenden Exkurs auf.

Im Dezember zieht die vierköpfige Familie Buber in eine Souterrainwohnung in Berlin-Zehlendorf. Über diesen Lebensabschnitt berichtet im Alter Martin Bubers Sohn Rafael:

„Das Leben in Berlin war für unsere Familie ein sehr unruhiges. Mein Vater leitete den Jüdischen Verlag, war später Lektor bei Rütten & Loening (in Frankfurt/Main) und hatte ständig Besprechungen mit Schriftstellern und Literaten, die im Haus Buber ein- und ausgingen. [...] Die Eltern fuhren ins Theater, in die Oper, zu irgendwelchen Veranstaltungen. Wir Kinder waren mehr oder weniger einer jungen Italienerin anvertraut, die die Eltern im Jahre 1905 aus Italien mitgebracht hatten, wo wir ein Jahr gelebt hatten."[79]

Hier ist es an der Zeit, den Blick auf eine die Bewunderer Bubers vielleicht ernüchternde Feststellung zu lenken, die Haim Gordon trifft:

„Buber war kein aktiver Vater. Die Erziehung der Kinder hatte Paula, unterstützt von einem Kindermädchen, in der Hand. Es versteht sich, daß er wohl nie eine Windel ausgewechselt hat [...] in seinem Familienleben war Buber autoritär; über Erziehungsprobleme wurde mit den Kindern nicht viel diskutiert. So erinnert sich Eva Buber [die Enkelin], daß sie nicht mitzureden hatte, als ihre Eltern beschlossen, sie niemals in eine Schule zu schicken, sondern sie selbst, mit Hilfe von privat angestellten Lehrern, zu unterweisen."[80]

In die Berliner Zeit fällt Martin Bubers enge Beziehung zu Gustav Landauer.

Wer ist dieser Gustav Landauer, der mit der Vielseitigkeit seiner Interessen Buber als ein Geistesverwandter erschienen sein muß? Jener Gustav Landauer, der später, am Ende der Räterepublik in München auf so grausige Weise ums Leben kommen wird, was in Bubers Bewußtsein die Erkenntnis über die Gefahren von Gewalt tief einzeichnet.

Gustav Landauer (geb. 1870 in Karlsruhe, gestorben am 2. Mai 1919 in München) stammt aus einer jüdischen, nicht religiösen Kaufmannsfamilie. Früh begehrt er gegen die von ihm als bedrückend und unehrlich empfundene Gesellschaftsatmosphäre des Wilhelminischen Deutschland auf. Die Schule empfindet er als „einen ungeheuren Diebstahl an meiner Zeit, meiner Freiheit, meinen Träumen und meinem auf eigenes Erforschen und Versuchen gerichteten Tatendrang"[81]. Er begeistert sich für Theater, Musik, die Dichter der deutschen Klassik und für die Philosophie Arthur Schopenhauers und Friedrich Nietzsches. Nach einem nicht abgeschlossenen Studium der Philosophie in Heidelberg und Straßburg kommt er nach Berlin und schließt sich dort der lebensreformerisch geprägten Friedrichshagener Künstlerkolonie an. 1892 wird er Mitglied einer Gruppe von Sozialdemokraten, die vom Programm der Partei abweichen, und später Chefredakteur der Zeitschrift „Der Sozialist". Er selbst bezeichnet sich als einen Anarcho-Sozialisten und kritisierte die herrschenden Kräfte der Gesellschaft, aber auch den mechanistischen Positivismus des Marxismus. Er übersetzt die Bücher von freiheitlich-sozialistischen Denkern wie Pierre-Joseph Proudhon und Pjotr Kropotkin ins Deutsche. Im Mittelpunkt seiner politischen Anschauung steht seine Abneigung gegen den Staat und die Hoffnung auf einen „Sozialistischen Bund". Er plant eine Volksbühnenbewegung und eine Volksuniversität, gibt aber auch die Texte des spätmittelalterlichen deutschen Mystikers Meister Eckhart heraus.

1900 gründet er mit den Brüdern Hart eine landwirtschaftliche Genossenschaft, „Die Neue Gemeinschaft". Enttäuscht darüber, in dieser seinen Standpunkt nicht hinreichend geltend machen zu können, geht er mit seiner zweiten Frau, Hedwig Lachmann, vorübergehend nach England. Dort tritt er mit Pjotr Kropotkin in Kontakt, der ihn zur Übersetzung seiner Schriften autorisiert. 1902 kehrt er nach Berlin zurück, kann aber allein von seinen Einkünften als Übersetzer und Publizist nicht leben und verdient seinen Lebensunterhalt als Verkäufer in einer Buchhandlung. Landauers anarchistisches Programm knüpft an die Vorstellungen von Pierre-Joseph Proudhon an, dessen Programm gegenseitige Hilfe, Solidarität und Kooperation, Selbstbestimmung und Zusammenschluß in freien Gemeinschaften vorsah. Nach Landauer ist der Schwerpunkt der politischen Aktivitäten auf die Veränderung des Bewußtseins der Menschen zu legen und nicht allein auf den ökonomischen und politischen Kampf. Hier berühren sich seine Vorstellungen mit denen Bubers.

Begegnet sind sich die beiden Männer schon 1899. Einige Jahre später, 1906, veröffentlicht Landauer die erste moderne Ausgabe des deutschen Mystikers Meister Eckhart. Buber hat bereits 1901 einen Artikel „Über Böhme" geschrieben, in dem der auf Ludwig Feuerbach zurückgehende Satz steht:

„Der Mensch mit dem Menschen – die Einheit von Ich und Du – ist Gott": ein weiteres Keimblatt in Bubers späterer Philosophie! Man sieht aber auch, wie zu dieser Zeit sich die libertär-politischen und religiösen Konzepte der beiden Männer berühren und durchdringen, ein Themenstrang, den Buber sein ganzes Leben über weiter verfolgen wird.

1908 gründen Erich Mühsam, Martin Buber und Gustav Landauer den „Sozialistischen Bund", eine Vereinigung nach Prinzipien der Autonomie und ohne Zentralinstanz. Das Programm des Bundes sieht die Vorbereitung einer neuen Freiheitsordnung durch Siedlungsgründungen vor. Die propagandistischen Aktivitäten für die Ziele sind ab 1911 bei Landauer mit einem antimilitaristischen Engagement verbunden. Für das unbedingte Eintreten für seine anarchistische Gesinnung geht Landauer zuerst elf, dann noch einmal sechs Monate ins Gefängnis. Doch mit ihrer antinationalistischen und antimilitäristischen Einstellung sieht sich das Ehepaar Landauer/Lachmann auch im Kreis des „Sozialistischen Bundes" schließlich weitgehend allein.

In dieser Frage wird es bei Ausbruch des Ersten Weltkrieges vorübergehend zum Dissens zwischen Landauer und Buber kommen.

Im Jahr 1909 hält Buber auf Einladung des zionistischen Studentenbundes Bar-Kochbar in Prag seine „Drei Reden über das Judentum". Ihr Inhalt läßt sich verkürzt so wiedergeben:

Die Bedeutung des Judentums für die Menschheit liegt, nach Bubers Meinung, darin, daß es die Urzweiheit im innersten Wesen erkennt und darstellt (Sündenfall, Gut und Böse), und eine Welt verkündet, die die Forderung nach Einheit der Menschheit immer wieder vorbringt. Nicht lediglich Verjüngung oder Neubelebung, sondern eine wahrhafte und vollkommene Erneuerung des Judentums ist die Forderung der Zeit. Das Judentum ist Buber mehr oder anderes als eine konfessionelle oder nationale Gemeinschaft; es ist ein geistiger Prozeß, der sich in der Geschichte als das Streben nach Verwirklichung der drei sich untereinander immer mehr vervollkommnenden Ideen der Einheit, der Tat und der Zukunft vollziehen soll. Es gehe, heißt es in den Reden, um Größeres als das Schicksal eines Volkes und den Wert eines Volkstums; es gehe um urmenschliche und allmenschliche Dinge.

Verständlich, daß eine solche Haltung auch im jüdischen Lager selbst auf Widerspruch stoßen muß. So wird später Gershom Scholem erklären, Bubers „ketzerische" Auffassung vom Judentum habe dazu geführt, daß sich die Jugend, die zunächst einen Propheten, ja ein „Orakel" in ihm sah, in Palästina von ihm abwandte.

Seit 1912 gibt Buber im Frankfurter Verlag Rütten & Loening eine Reihe von Monographien bekannter Psychologen und Soziologen heraus, die schließlich in vierzig Bänden gewissermaßen die Essenz des zukunftsorientierten intellektuellen Wissens und Denkens präsentiert. Auf die Dauer wird diese lektorale und redaktionelle Tätigkeit von Berlin aus schwierig. 1916 mietet Buber deshalb ein Haus mit neun Zimmern in Heppenheim an der Bergstraße, das er später kauft. Das Haus ist umgeben von einem schönen Garten. Gleich nebenan gibt es eine Buchhandlung, in der er seine Bücher und Zeitschriften einkauft. Frankfurt und Heidelberg mit seiner Universität sind nicht weit. Die Veröffentlichung der chassidischen Schriften „Rabbi Nachman von Bratzlaw" (1906) und „Die Legende vom Baal Schem" (1908), die über jüdische Leser hinaus unter Intellektuellen im deutschen Sprachraum ein großes Echo hervorrufen, bringt Buber zum ersten Mal auch Einkünfte, die ihn der ärgsten materiellen Sorgen entheben. Dennoch kommt er beim Kauf des Hauses in Heppenheim um einen Kredit, den er bei einem Freund aufnimmt, nicht herum.

Ehe wir Bubers Reaktion auf den Ausbruch des Ersten Weltkriegs und dessen Verlauf schildern, sollen in zwei Exkursen die chassidischen Schriften und seine von Landauer und den libertären Sozialisten beeinflußten sozialphilosophischen Überlegungen näher vorgestellt werden. Letztere sind in der Schrift „Pfade in Utopia" zu finden, die freilich erst 1950 erschien.

Erster Exkurs

Die Chassidischen Schriften

„In jedem Augenblick hat jeder Mensch einen echten Zugang zum Sinn des Daseins: eben das, womit er sich gerade, im natürlichen Gang seines Lebens, jetzt und hier abgibt. In der Heiligung dieses Jetzt und Hier, also in der leiblichen Einheit von Glauben und Leben, hat er den einzigen echten Zugang zum Sinn. Er wird diese Einheit freilich nur sehr unzulänglich verwirklichen; aber wenn er in der Heiligung die ganze gesammelte Kraft seines Wesens einsetzt, hat er das Seine getan, das Weitere ist nicht mehr seine Sache."

Martin Buber:
Das Judentum und die neue Weltfrage (1930)

Mit dem Chassidismus hat sich Buber sein Leben lang beschäftigt. Man kann sagen, daß er in ihm die für ihn individuell angemessene Art von Glaubenshaltung gefunden hat. Man könnte sie definieren als einen beständigen und intimen Dialog zwischen Mensch und Gott. Genau diese Vorstellung aber ist abgeleitet aus dem chassidischen Glauben der alltäglichen Verbindung von Natürlichem und Göttlichem.

Bei soviel persönlicher Betroffenheit es ist verständlich, daß Buber die Schriften des Chassidismus deswegen nicht zu übersetzen, sondern nachzudichten versucht, wobei sich stärker akzentuieren läßt, was ihn an ihrer Botschaft betroffen gemacht hat. Er hofft zudem, daß sie sich auch für andere Menschen in Mittel- und Westeuropa, die gegen eine sektiererische religiöse Gruppe der Ostjuden womöglich Vorurteile hegen, durch eine solche Bearbeitung besser erschließen.

Er wird also zum Berichterstatter und literarischen Vermittler, zum Dolmetscher und Verkünder einer mystisch-existentiellen Botschaft. In der Schrift „Mein Weg zum Chassidismus" schreibt er noch:

„Es ist hier nicht der Ort, die Lehre des Chassidimus darzulegen." Aber dann entgeht der von seiner Entdekkung Begeisterte doch nicht der Versuchung, es dennoch telegrammstilhaft zu versuchen, indem er fortfährt:

„Sie [die Lehre] läßt sich in einem Satz zusammenfassen: Gott ist in jedem Ding zu schauen und durch jede reine Tat zu erreichen. Diese Einsicht ist aber keineswegs, wie man vermeint hat, der pantheistischen Weltanschauung gleichzusetzen. Für die chassidische Lehre ist die ganze Welt nur ein Wort aus Gottes Mund; und dennoch ist das geringste Ding in der Welt würdig, daß Gott sich aus ihm dem Menschen, der ihn wahrhaft sucht, offenbare; denn kein Ding kann ohne einen göttlichen Funken bestehen, und diesen Funken kann jeder zu jeder Zeit und durch jede, auch die gewöhnlichste Handlung entdecken und erlösen, wenn er sie nur in Reinheit, ganz auf Gott gerichtet und gesammelt, vollbringt. Darum gilt es nicht, in einzelnen Stunden nur und mit bestimmten Worten und Gebärden Gott zu dienen, sondern mit dem ganzen Leben, mit dem ganzen Alltag, mit der ganze Weltlichkeit. Nicht darin besteht das Heil des Menschen, daß er sich vom Weltlichen fernhalte, sondern daß er es heilige, es dem göttlichen Sinn weihe: seine Arbeit und seine Speise, seine Ruhe und seine Wanderschaft, den Aufbau der Familie und den Aufbau der Gesellschaft."[82]

Das, was Buber letztlich am Chassidismus fasziniert, drückt er noch einmal in einer späten Arbeit so aus:

„In der chassidischen Botschaft ist die Trennung von ‚Leben in Gott' und ‚Leben in der Welt', das Urübel aller ‚Religion' in echter, konkreter Einheit überwunden. [...] Empfangend und handelnd weltverbunden steht der Mensch, vielmehr nicht ‚der', sondern dieser bestimmte Mensch, du, ich, unmittelbar vor Gott [...] Nur aus der Erlösung des Alltags wächst der All-Tag der Erlösung."[83]

Daß bei Bubers Hinwendung zum Chassidismus auch soziale Sensibilität eine Rolle spielt, zeigen seine Kindheitserinnerungen an das „schmutzige Städtchen" Sadagora, dem Sitz einer Dynastie von Zaddikim:

„Der Palast des Rebbe, in seiner effektvollen Pracht, stieß mich ab. Das Bethaus der Chassidim mit seinen verzückten Betern befremdete mich. Aber als ich den Rebbe durch die Reihen der Harrenden schreiten sah, empfand ich: ‚Führer', und als ich die Chassidim mit der Thora tanzen sah, empfand ich ‚Gemeinde'. Damals ging mir eine Ahnung davon auf, daß gemeinsame Ehrfurcht und gemeinsame Seelenfreude die Grundlagen der echten Menschengemeinschaft sind."[84]

Die Nähe des Chassidismus zu den Reflexionen über sozialpolitische Ideen, wie er sie durch Landauer kennengelernt haben mag, sieht Buber in der Eigentümlichkeit des Chassidismus, nicht eine Lehre, sondern eine Lebenshaltung, und zwar eine gemeindebildende und ihrem Wesen nach gemeindemäßige Lebenshaltung zu sein.

„Es ist ein großer Grundsatz des Chassidismus, daß der Zaddik und die Menge aufeinander angewiesen sind. Ihr gegenseitiges Verhältnis wird immer wieder mit dem zwischen Stoff und Form im Leben der menschlichen Person, zwischen Leib und Seele verglichen. Die Seele darf sich nicht großtun, daß sie heiliger sei als der Leib: sie kann ja nur dadurch, daß sie in ihn niedergestiegen ist und mit seinen Gliedern wirkt, zu ihrer Vollendung gelangen; freilich darf auch der Leib sich nicht großtun, daß er die Seele erhalte: verläßt sie ihn, muß er verwesen. So bedürfen die Zaddikim der Volksmenge, und die Volksmenge bedarf der Zaddikim; auf ihrer Wechselbeziehung steht die chassidische Wirklichkeit."[85]

Historisch sieht Buber im Chassidismus, ähnlich wie im Urchristentum, einen Aufstand des Am-haarez, des ungelehrten Landvolkes, das sich nicht mit dem Studium der Lehre abgeben kann, gegen die „Gelehrten" der Thora-Auslegung. Und in den größeren Zusammenhang der jüdischen Religionsgeschichte gestellt, deutet er ihn als „eine zeitweilig (immer wieder) auftretende bewußte Reaktion gegen die Herrschaft der Verstandesordnung".[86] Diese Bewegung des religiösen „Untergrunds" beginnt damit, daß in ihr das Wissen ursprünglich von Mund zu Ohr, von Meister zu Schüler weitergegeben worden sei, und zwar vor allem Einsichten der Kabbala, die dann im „Sohar" zum ersten Mal annähernd zu einem System ausgeformt worden sind.

Was nun die Mystik der Kabbala angeht, so zielte auch sie auf ein experimentell zu gewinnendes, lebendig erfahrenes Wissen von Gott, von dem der Psalmist sagt: „Oh schmeckt und seht, daß der Herr gut ist." Der Kabbalist will in einen unmittelbaren Kontakt mit Gott und der Transzendenz treten, um so die Einheit des Menschen mit dem wahren Gott wiederherzustellen.

Ähnliches vollzieht sich später im Chassidismus, dem zufolge der Zugang zu Gott aus dem Alltäglich-Trivialen möglich ist und die Anwesenheit Gottes als Funke in allen Dingen und Wesen glimmt.

Grundlage der Kabbalistik ist ein Diagramm, das man den heiligen Baum nennt. Es besteht aus zehn Kreisen oder Punkten, die durch zweiundzwanzig Pfade miteinander verbunden sind. Somit ist die Kabbala auch ein Führer der Seele auf ihrem aufsteigenden Weg zu Gott.

Entstanden ist die Kabbala unter den jüdischen Gemeinden im Südfrankreich des 12. Jahrhunderts, hat aber ihre tieferen Wurzeln in der ältesten jüdischen Esoterik, den apokalyptischen Schriften.

In einem kleinen Buch eines gelehrten Juden, dem Sefer Jezira, dem „Buch der Schöpfung", taucht dann zum ersten Mal jene entscheidende strukturelle Vorstellung der Kabbala auf: die Sephiroth, nämlich die Attribute Gottes, die mit den verschiedenen Namen Gottes beschrieben werden. Sephirah, die Einzahlform, wurde als eine Ableitung des griechischen „Sphäre" angesehen. Tatsächlich aber stammt das Wort vom hebräischen „sippir" oder

„Saphir" und bezieht sich auf Gottes Strahlen oder anders ausgedrückt: auf die Göttlichkeit allen Lichts bzw. auf die Funken des Göttlichen in allen Wesenheiten.

Im „Sohar", zwischen 1280 und 1286 wahrscheinlich von Moses de León in Guadalajara geschrieben, ist die Kabbala schon ein voll ausgebildetes Spekulationssystem. Damals hat der Streit darüber begonnen, ob die Sephiroth die Substanz Gottes sind oder als Wort, als Sprache, nur Gottes Geräte und Gefäße. Jedenfalls wird in der Kabbala ein enger Zusammenhang zwischen dem Namen Gottes und der Heiligkeit von Worten hergestellt.

Für Buber liegt der Zusammenhang zwischen Kabbala und Chassidismus in der Doktrin der Schechina, der göttlichen Gegenwart.

„Die talmudische, von der Kabbala ausgebaute Lehre von der Schechina, der ‚einwohnenden' Gegenwart Gottes in der Welt, bekam einen neuen, intim-praktischen Gehalt: wenn du die unverkürzte Kraft deiner Leidenschaft auf Gottes Weltschicksal richtest, wenn du das, was du in diesem Augenblick zu tun hast, was es auch sei, zugleich mit deiner ganzen Kraft und mit solcher heiligen Intention, Kawwana, tust, einst du Gott und Schechina, Ewigkeit und Zeit. Dazu brauchst du kein Lehrkundiger, kein Weiser zu sein."[87]

Eine solche Haltung drückt sich unter anderem in dem Satz aus: „Die Sehnsucht brennt: das Absolute *muß* Wirklichkeit werden."[88]

Isaak Luria (1534–72) hat im ekstatische Akt des einzelnen ein Mitschaffen an der Erlösung gesehen. Die Erwartung, im ethisch-ekstatischen Akt die Erlösung, das Kommen des Messias herbeizuzwingen, ist der Treibsatz der nach ihrem Scheitern Verzweiflung ausstreuenden Bewegung des Sabbatai Zwi (1626–1676). Er, der zunächst als Messias angesehen wird, konvertiert schließlich zum Islam. Die Ankunft des Messias herbeizuführen, treibt 1700 den Zug der Fünfzehnhundert ins Heilige Land, der in Tod und Elend endet. Ihre höchste Entwicklung erlebt dann aber die jüdische Mystik mit dem um die Mitte des 18. Jahrhunderts entstandenen Chassidismus.

Der Chassidismus ist nach Buber Ethos gewordene Kabbala. Er schwächte nicht jenen Kernsatz jüdischen Glaubens, die Hoffnung auf das Kommen des Messias, ab, sondern er erhellte den Blick seiner einfachen wie auch seiner intellektuellen Anhänger für die Freude über die Welt, so wie sie ist. Chassidismus weist auf die Widerspiegelung, den Funken des Göttlichen in allen Wesen und Dingen, hin und lehrt, darauf im Alltag zu achten.

Der Begründer des Chassidismus ist Israel ben Eliezer aus Mezbizh (Miedzyboz), der Baal-schem tow (1700–1760), das heißt bezeichnenderweise „der Meister des guten Namens". Das wirkungsmächtige Wissen des Gottesnamens, wie es den früheren wundertätigen ‚Balle-schem' zugeschrieben wurde, ist bei ihm besonders ausgeprägt. Im Volksglauben „heilt" Baal-schem, zu übersetzen als ein Mensch, „der von seinen Beziehungen zum Göttlichen aus mit seinen Mitmenschen und für sie lebt"[89], durch die Wirkung der magischen Kräfte im Gottesnamen. Tatsächlich dürfte seine Fähigkeit darin bestanden haben, komplizierte Zusammenhänge zwischen den Dingen, Zusammenhänge, die sich jenseits des Bezugsrahmens von Zeit und Raum abspielen, intuitiv wahrzunehmen.

Entscheidende Sätze aus der Lehre dieses Zaddik lauten:

„Es gibt kein Ding, das böse und der Liebe unwürdig wäre. Auch die Triebe des Menschen sind nicht böse."[90]

„Auf allen Wegen findet der Mensch Gott, und alle Wege sind voll der Einung [d. h. des Einswerdens mit Gott]. Aber der reinste und vollkommene ist der Weg des Gebetes. Wer in dem Feuer seines Wesens betet, in dessen Kehle redet Gott selbst das innere Wort."[91]

Immer wieder ist darauf hinzuweisen, daß der Chassidismus nicht so sehr eine Lehre, sondern eine auf den Glauben bezogene und vom ihm durchdrungene Lebensart ist. Somit sind die Hauptquellen, eben die Legenden vom Leben der großen Zaddikim, über fünf Generation hin die Erzählungen der Schüler über die „Vorgänge" im Leben der Meister.

Eine der chassidischen Schriften Bubers, nämlich der als „eine Chronik" deklarierte historische Roman „Gog und Magog", verdient eine besondere Beachtung, erweist sich doch an ihm, wie stark die chassidische Welt von Buber als Projektionsfläche des eigenen Lebensschicksals und der eigenen Konflikte betrachtet worden ist.

Erzählt wird die Geschichte zweier Rabbiner, die beide Jaakob Jizchak heißen. Der Ältere, auch unter dem Beinamen „Seher von Lublin" bekannt, verfügt über die Fähigkeit seines Lehrers, die Menschen mit einem Blick zu durchschauen. Der Jüngere versammelt um sich in der polnischen Stadt Pzysha einen Kreis von Schülern. Unterschiedlich ist die Einstellung der beiden zur Magie. Der Seher von Lublin meint, durch die Intensität seiner Gedanken und Gebete auf das Geschehen in der Welt einwirken zu können. Der Jüngere hingegen glaubt nicht an solcherlei Magie, für ihn sind das Loslassen des eigenen Ichs und die Hinwendung zu anderen die Voraussetzungen für eine intensive Beziehung zu Gott.

Der Seher von Lublin hält Napoleon für den im Alten Testament (Hesekiel 38/39) prophezeiten Gog, dessen verheerende Eroberungszüge durch Magog dem Erscheinen des Messias vorangehen. Diese Ereignisse will er auf magische Weise beeinflussen. Beide Zaddikim haben tatsächlich im 19. Jahrhundert gelebt und sind merkwürdigerweise im gleichen Jahr gestorben. Maurice Friedman sieht in dem Roman unter anderem die Reflexion des Konflikts zwischen Buber und Herzl, der durch Herzls Tod offen bleibt.

Freilich legt der Zeitpunkt, zu dem der Roman entsteht, nämlich während des Zweiten Weltkriegs, auch nahe, ihn als Kommentar Bubers zu den Gefahren von „Sehern" und überhaupt als Warnung an die Menschen zu verstehen, sich mit Versuchen, das Ende der Welt herbeizuführen, in Ereignisse der aktuellen Zeitgeschichte einzumischen. Denn auch dies ist eine dialektische Einsicht Bubers:

Der „Brennpunkt der jüdischen Seele ist das Grundgefühl, daß die erlösende Kraft Gottes überall und immer wirkt und daß doch nirgends und niemals ein Erlöstsein besteht."[92]

Noch ein weiterer Hinweis zur Interpretation von „Gog und Magog" kommt von Buber selbst. Er erklärt, das Buch sei als Reflexion über die Frage zu verstehen, wie man den Kampf gegen das Böse zu führen habe. Seine Antwort dazu lautet, der Kampf müsse in der eigenen Seele geführt werden und – in der Terminologie der Geschichte gesprochen – Gog könne es da draußen nur geben, weil Gog auch in unserer eigenen Brust sei. „Die Finsternis, aus der er geschöpft ist, braucht nirgendwo anders hergenommen zu werden als aus unserem trägen oder tückischen Herzen. Unser Verrat an Gott hat den Gog großgepäppelt."[93]

Einer der Lieblingsgestalten Bubers unter den Zaddikim ist Rabbi Nachman von Bratzlaw. Er war der Urenkel des Baalschem, und Buber ist wohl deswegen von seinem Tun und seinem Lebensschicksal so beeindruckt, weil er Ähnlichkeiten zu dem eigenen sieht. Rabbi Nachmans Leben fällt in die Zeit der Schwelle zwischen dem 18. und 19. Jahrhundert. Geboren wird er 1768 in Uman, einem Ort im zaristischen Rußland, der wenige Jahre zuvor Schauplatz eines fürchterlichen Pogroms geworden ist.

Nachman ist eine Gestalt, die sich mit seinem Wirken dem Niedergang des Chassisdismus entgegenstemmt. Schon als Knaben bemüht er sich mit geradezu verzweifeltem Eifer um eine Offenbarung, eine persönliche Begegnung mit Gott. Als er sich einmal in einem Bethaus versteckt und alle Kräfte anstrengt, um „die obere Seele, die am Sabbat in den Menschen hinabsteigt, zu empfangen"[94], und ihm wiederum zunächst die Offenbarung nicht zuteil wird, beginnt er zu weinen. Er weint über Stunden, bis seine Augen ganz verschwollen sind. Als er die Augen darauf öffnet, dringt zu ihm das Licht der Kerzen, „und seine Seele wurde ruhig an dem Lichte".[95]

Nachdem er geheiratet hat, läßt Nachman sich in dem Dorf seiner Frau nieder. Aufgewachsen in der Stadt, beeindruckt ihn die Natur, in deren Erscheinungsformen er nun der Macht Gottes begegnet. Seinen Schülern verkündet er: „Wenn der Menschen gewürdigt wird, die Gesänge der Kräuter zu vernehmen, wie jedes Kraut sein Lied zu Gott spricht, wie schön und süß ist es, ihr Singen zu hören! Und daher tut es gar gut, in ihrer Mitte Gott zu dienen in einsamem Wandeln über das Feld hin zwischen den Gewächsen der Erde und seine Rede auszuschütten vor Gott in Wahrhaftigkeit. Alle Rede des Feldes geht dann in deine ein und steigert ihre Kraft. Du trinkst mit jedem Atemzug die Luft des Paradieses, und kehrst du heim, ist die Welt erneuert in deinen Augen."[96]

In der Natur wird also eine besondere Verbindung mit Gott entdeckt. Seine Lehre will Nachman „von Mund zu Ohr und wieder von Mund zu Ohr" verbreitet wissen. Er begehrt auf gegen die Stagnation des Chassidismus, da sich zu seiner Zeit bei den Wunderrabbis viel Ruhmsucht und Eitelkeit ausgebreitet hatte; dem gegenüber scheint ihm das wichtigste Ziel „die Wildnis der Herzen in eine Wohnstätte Gottes" zu verwandeln.[97] Ausgangspunkt für sein Lehre sollte nicht das Buchwissen, sondern die Erfahrungen um die realen Lebensprobleme der Gemeinde sein.

1798 reist er nach Palästina, eine Reise, auf der sich ihm viele Schwierigkeiten in den Weg stellen, da um diese Zeit der ägyptische Feldzug Napoleons stattfindet. Nachman wird beschuldigt, ein französischer Spion zu sein, und die Araber wollen ihn zunächst in Palästina nicht an Land lassen. Dann aber wird ihm der Aufenthalt dort zu einem der eindrucksvollsten Erlebnisse seines Lebens. Was er erfährt, bewirkt bei ihm eine Änderung seiner Haltung. „Alles, was ich vor Erez Israel (dem Lande Israel) wußte, ist gar nichts. Mein Ort ist nur Erez Israel, und wohin ich auch fahre, ich fahre nach Erez Israel."[98]

Heimgekehrt, läßt er sich in Bratzlaw nieder, wo er wohl ob der Intensität seines Glaubens und seiner Lehre stark angefeindet wird. Er reagiert darauf mit einer Äußerung, die der Leser in seinen Alltag mit hinübernehmen sollte:

„Die ganze Welt ist voll des Streits, jedes Land und jede Stadt und jedes Haus. Aber wer in sein Herz die Wirklichkeit aufnimmt, daß der Mensch an jedem Tag stirbt, denn er muß jeden Tag ein Stück von sich seinem Tode abgeben, wie soll der noch seine Tage in Streit verbringen können?"[99]

Was Buber ganz besonders an Nachman interessiert zu haben scheint, ist der Entwicklungsweg und die Einsichten bei der Ausbreitung seiner Weisheit, also dessen Didaktik. Seine Einsichten sind mit „Tränen gewaschen", durch den Filter eigenen Leidens gegangen. Er hat Skrupel, ob er das rechte Wort findet, aber auch die Gewißheit: „Zuweilen gehen meine Worte wie ein Schweigen in den Hörenden ein und ruhen in ihm und wirken spät, wie langsame Arzenei; zuweilen wirken meine Worte erst gar nicht in dem Menschen, dem ich sie sage, aber wenn er sie dann zu einem andern spricht, kehren sie zu ihm zurück und gehen in sein Herz ein in große Tiefe und tun ihr Werk in Vollkommenheit."[100] Entscheidend ist ihm nicht der Sprechende, sondern der Hörende. In diesen Reflexionen über das Verhältnis von Sprechendem und Hörendem liegt gewiß auch eine Anregung zu Bubers Philosophie des Dialogs.

Nach fünfjähriger Lehrtätigkeit in Bratzlaw erkrankt Rabbi Nachman an Tuberkulose. Wohl wissend, daß seine Tage gezählt sind, kehrt er in seine Geburtsstadt zurück, um dort die Opfer des Pogroms, von denen er annimmt, daß ihre Seelen an den Ort ihres Todes gebunden seien und nicht emporsteigen können, zu erlösen. Nach der Seelenwanderungslehre des Luria waren diese Seelen so lange an den Ort ihres Todes gebunden, bis jemand, der heilig genug ist, kommt, um sie zu lösen.

Das klingt nach starkem Selbstbewußtsein, aber wenn es ihn zuweilen auch erfüllt haben mag, gab es auch Momente großen Zweifels, Bedenken, ob er nicht an seiner Lebensaufgabe gescheitert sei, ja Zweifel, ob er überhaupt ein Recht habe, etwas zu lehren und damit die Entscheidungsfreiheit, die jedem Menschen innewohnt, von außen zu beeinflussen.

Die Geschichten, die Buber in seinem Buch über den Rabbi Nachman der Darstellung von dessen Persönlichkeit folgen läßt, stammen alle aus den letzten Lebensjahren des Rabbi. Er, der der Ansicht war, daß seine Lehre keine Kleider habe, wollte damit Kleider für seine Lehre schneidern. „Sie sollten ‚erwecken'."[101]

Es ist später viel über die Quellen dieser Geschichten und überhaupt über die der chassidischen Schriften gestritten worden. Buber wurde, wenn nicht gerade der Fälschung, so doch des legeren Umgangs mit den Originaltexten bezichtigt. Diese Kritik hat gewiß ihre Berechtigung, wenn man literaturwissenschaftlich urteilt, nicht aber, wenn man die Texte als Nacherzählungen nimmt – schließlich hat sie Buber immer als solche ausgewiesen. Und nur angehaucht mit seinem poetischen Atem sind sie überhaupt aktuell und bekannt geworden.

Zweiter Exkurs

„Pfade in Utopia", Buber als Sozialphilosoph

„Victor Hugo hat die Utopie ‚die Wahrheit von morgen' genannt. Die scheinbar zur Unzeitgemäßheit verurteilte Anstrengung des Geistes, die man utopischen Sozialismus nennt, bereitet wohl – einen in sich notwendigen, von der Macht der menschlichen Entscheidung unabhängigen Geschichtsablauf gibt es nicht – die künftige Struktur der Gesellschaft vor."

Martin Buber: Pfade in Utopia (1950)

Es gilt jetzt hier den Blick auf einen Aspekt von Martin Bubers Denken zu lenken, der leicht übersehen wird und in dem doch bedenkenswerte Vorschläge für die Gegenwart und die Zukunft angelegt sind. Gemeint sind seine Aussagen zur Sozialphilosophie. Es ist auf den Einfluß Gustav Landauers zurückzuführen, daß Buber versucht, den von ihm vertretenen Kulturzionismus mit einer libertären Gesellschaftskonzeption zu verbinden. Die Gemeinschaft von Menschen muß sich ohne Zwang herstellen und freiwillig geschehen. Nur so ist die Vielfältigkeit und Unterschiedlichkeit der Menschenwesen angemessen berücksichtigt. Der Entwurf einer „Neuen Gemeinschaft" betont die Notwendigkeit des individuellen Engagements und enthält den Gedanken, daß hier und heute mit der persönlichen Erneuerung begonnen werden müsse.

Bubers Denken kreist von Anfang an um den Einzelmenschen wie auch um die zwischenmenschlichen Beziehungen. Im Laufe seiner persönlichen Entwicklung aber wird die dialogische Gemeinschaftsgestaltung gegenüber der individuellen Selbstfindung immer wichtiger. Richtungsweisend ist der Satz: „Der wahre Ort der Verwirklichung ist die Gemeinschaft, und wahre Gemeinschaft ist die, in der das Göttliche sich zwischen den Menschen verwirklicht."[102]

Die Werte, die dabei eine Rolle spielen, sind Kreativität, Einheit von geistiger und weltlicher Ordnung, frei vereinbartes Miteinander und gegenseitige Hilfe.

Eine Möglichkeit zur Verwirklichung seiner Sozialutopien sieht Buber in Palästina als einem „Neuland sozialer Gestaltung", in der genossenschaftlichen Siedlungsbewegung der Juden dort. Diese soll nach seinen Vorstellungen, anknüpfend an Landauer, im Zeichen der Erneuerung des Judentums und der gesamten Menschheit geschehen und auf verschüttete oder theoretisch skizzierte, fortschrittliche Sozialnormen ausgerichtet werden. Aus den veränderten sozialen Beziehungen soll sich eine Veränderung der Herrschaftsmethoden ergeben. Letztlich lassen sich die entscheidenden Punkte seines Programms so skizzieren:

Menschen assoziieren sich in Kommunen auf der Grundlage gegenseitigen Beistandes. Sie lernen, wie sie ihr soziales Leben, Konsum und Produktion ohne institutionelle Bevormundung durch hierarchische und zentralistische Institutionen gestalten, und überwinden so mit der Zeit die menschliche Entfremdung.

Eine besondere Qualität der Beziehungen zwischen den Menschen ist die Wiedergeburt der Gemeinden jenseits des Staates, ja sogar gegen ihn. So der Kern dieser humanistischen Sozialphilosophie. Die Hoffnung auf die Verwirklichung eines idealen Gesellschaftssystems beruht auf einer libertären Gemeinschaft der Menschen, die auf Gegenseitigkeit Wert legt und sich nach freien Vereinbarungen ergibt.

Das Hauptwerk in Bubers zweiten Lebenshälfte ist der von seinen Bewunderern oft übersehene Band „Pfade in Utopia" (deutsche Ausgabe 1950). Die darin dargestellte Ideenwelt des „utopischen Sozialismus" ist Buber – bei gleichzeitiger Kritik an Marx und Lenin – gerade im Hinblick auf Deutschland besonders wichtig. Das Kapitel „Landauer" zeigt unter anderem, daß Buber den Freund

und dessen Programm nach wie vor aufs höchste wertschätzt. Es sind vor allem Landauers Reflexionen, die er 1907 über die Dialektik anstellte, die jeder Revolution innewohnt, welche rückblickend von heute, auf die Oktoberrevolution in Rußland bezogen, geradezu prophetisch anmuten:

„Wenn eine Revolution aber gar in die fürchterliche Lage kommt, [...] daß ringsum Feinde sind, innen und außen, dann müssen die noch lebendigen Kräfte der Negation und Destruktion sich nach innen, gegen sich selbst schlagen; der Fanatismus und die Leidenschaft wird zum Mißtrauen und bald zur Blutgier oder wenigstens zur Gleichgültigkeit gegen die zugefügten Schrecken des Tötens; und bald wird der Schrecken durchs Töten die einzige Möglichkeit der Machthaber des Tages, ihr Provisorium zu halten."[103]

Landauer trifft, darin Proudhon folgend, eine Unterscheidung zwischen einer politischen Revolution, deren Kraft in der Rebellion und Negation liegt, und einer sozialen, die mit der politischen keine Ähnlichkeit hat. Politische Revolution könne nicht lebendig bleiben ohne ein Organisieren aus neuem Geist und zu neuem Geist. Um deutlicher werden zu lassen, was damit gemeint ist, erläutert Buber, ausgehend von einem weiteren Zitat Landauers:

„... ‚eine Stufe großer Kultur kommt da zustande, wo die Einheit in der Mannigfaltigkeit der Organisationsformen und überindividuellen Gebilde nicht ein äußeres Band der Gewalt ist, sondern ein in den Individuen wohnender, über die irdisch-materiellen Interessen hinaus weisender Geist.' Als Beispiel führt Landauer das christliche Mittelalter an (in der Tat in der Geschichte des Abendlands die einzige Epoche, die sich in dieser Hinsicht mit den großen Kulturen des Orients vergleichen läßt). Er sieht es nicht als repräsentiert durch diese oder jene Formen des Gemeinschaftslebens, wie die Marktgenossenschaft des Dorfs, die Gilden, Zünfte und Brüderschaften der Stände, die Städtebünde, ebensowenig wie durch das Feudalsystem, durch Kirchen und Klöster, durch Ritterbünde, sondern gekennzeichnet ist es erst durch diese ‚Gesamtheit von Selbständigkeiten, die sich gegenseitig durchdrangen' zu einer ‚Gesellschaft von Gesellschaften'. Was all dic mannigfach differenzierten Gestaltungen vereinbarte und ‚nach einer höheren Einheit zu wie in die Höhe band, zu einer Pyramide, deren Spitze nicht Herrschaft und unsichtbar in den Lüften war, das war der Geist, der aus den Charakteren und Seelen der Individuen her in all diese Gebilde einströmte und von diesen verstärkt wieder in die Menschen zurückströmte'."[104]

Auch Buber äußert Zweifel, ob heute in „einer Zeit der Geistlosigkeit und damit der Gewalt, [...] einer Zeit des Individualismus und darum der Atomisierung und der entwurzelten und zu Staub gewordenen Massen, einer Zeit ohne Geist und darum ohne Wahrheit"[105] Gemeinschaftsgeist sich entwickeln könne. „Es ist ‚eine Zeit des Verfalls und darum des Übergangs'. Weil sie es ist, wird in ihr und gerade in ihr der Geist beschworen, daß er erscheine; solche Beschwörungen sind die Revolutionen."[106] Trotz aller Skepsis plädiert Buber im Sinne Landauers für diesen Prozeß: „‚Das brauchen wir wieder: eine Neuregelung und Umwälzung durch den Geist, der nicht Dinge und Einrichtungen endgültig festsetzen, sondern *der sich selbst als permanent erklären wird.* Die Revolution muß ein Zubehör unsrer Gesellschaftsordnung, muß die Grundlegung unsrer Verfassung werden.'"[107]

Die Tatsache, daß Bubers Erfahrungen in Palästina und Israel seine Skepsis gewiß wachsen ließen, daß unterdessen auch unser aller Skepsis, gespeist von mannigfaltigen Erfahrungen, wohl noch weiter gewachsen ist, hebt die Bedeutung des Hinweises, wo und wie ein Ausweg aus der gesellschaftlich-ethischen Krise zu suchen sei, nicht auf, im Gegenteil, sie macht die Erinnerung an solche Überlegungen nötiger denn je.

Buber hat in „Pfade in Utopia" seine Abgrenzung zum

Kapitalismus und Marxismus vollzogen und erklärt, warum er allein in einem libertären Sozialismus die Hoffnung für die Zukunft sieht. „Er bemühte sich", schreibt Siegbert Wolf, „um eine philosophische Annäherung an den Anarchismus. Diesen Begriff für seine Sozialphilosophie anzuwenden, lehnte er allerdings ab, weil der Anarchismus die Aufhebung sämtlicher Herrschafts- und Machtverhältnisse anstrebt. Hieran aber wollte er aufgrund persönlicher Erfahrungen mit totalitären Ideologien und Bewegungen im 20. Jahrhundert nicht so recht glauben. Gleichwohl erstrebte auch Buber eine weitestmögliche Machtreduzierung. Einzig eine [in diesem Sinne] restrukturierte Gesellschaft könne das Erbe des (Zentral-) Staates antreten."[108]

II. Teil

1914–1938:
Der Durchbruch

6

Der Erste Weltkrieg: Ein Aufbruch, aber wohin?

„In den Krieg gehen die menschlichen Leidenschaften ein wie die Wasser ins Meer, und er schaltet mit ihnen, aber in den Großen Frieden müßten sie eingehn wie die Erze ins Feuer, daß es sie schmelze und verwandle, und nun würden die Menschenvölker in gewaltigerer Leidenschaft miteinander bauen, als sie je gegeneinander gefochten haben."

Martin Buber: Das echte Gespräch und die Möglichkeiten des Friedens (1953)

Es läßt sich nicht leugnen, daß Buber bei Ausbruch des Krieges auf seine Weise von der allgemeinen nationalen Begeisterung erfaßt worden ist. Er erklärt plötzlich – und wahrscheinlich zum nicht gelinden Entsetzen seines pazifistisch gesinnten Freundes Landauer, „daß wir unsern alten Schild *Nicht mit Gewalt, sondern mit Geist* nicht mehr brauchen, da Kraft und Geist nun eins werden sollen. Incipit vita nova."[109]

Man muß anmerken, daß das Bewußtsein Bubers und seine Haltung nicht als Hurra-Patriotismus zu verstehen sind, vielmehr hat er die Schrecknisse des Krieges durchaus als ein Chaos angesehen, aus dem, wie er hoffte, ein neuer Kosmos erwachsen werde. Deutlicher spiegelt seine Erwartungen eine Notiz vom 14. September 1914, in der es heißt: „Das Schreckliche, was geschehen ist, enthält für mich ein dreifaches Versprechen: die Befreiung des zentraleuropäischen Menschen für ein öffentliches Leben, das Erwachen des russischen Menschen zu konstruktivem Leben und die Rettung des Nahen Ostens für eine semitische Regeneration."[110]

Diese Haltung ändert sich im Laufe der Kriegsjahre

ziemlich rasch. Nach zwei Jahren kehrt Buber zu der alten Parole zurück: Nicht mit Gewalt, sondern mit Geist! Bald ist der Krieg für ihn „keine Bewegung der deutschen Gemeinschaft mehr, sondern eine Aktivität des deutschen Staates".[111]

Eine Rolle spielt dabei die aufkommende Diskussion über das Ostjudentum, in dem Buber ein ungeheures Reservoir geistlicher, sittlicher und sozialer Energie sieht, während prominente Intellektuelle wie der Sprachphilosoph Fritz Mauthner erklären, die Grenzen des Deutschen Reiches sollten für Juden aus Osteuropa geschlossen bleiben. Der damals berühmte Romancier Jakob Wassermann macht eine verunglimpfende Bemerkung in Hinblick auf die Ostjuden. Buber zieht ihn deswegen zur Rechenschaft. Auch Walther Rathenau, der vom Judentum als „Kleinstreligion" redet, widerspricht Buber heftig, ganz im Sinn seiner Vorstellung von der kulturellen und heilsgeschichtlichen Mission des Judentums.

Wichtig für die weitere Entwicklung beider Beteiligten, aber vor allem in Hinblick auf die dann später begonnene Bibelübersetzung Bubers ist 1915 ein Briefwechsel zwischen Buber und Walter Benjamin. Letzterer wird von ihm aufgefordert, sich an der neu gegründeten Zeitschrift „Der Jude" zu beteiligen. Benjamins Ablehnung begründet dieser mit einer Ablehnung einer Zeitschrift, die etwas bewirken will und damit „nicht unmittelbare Sprache, sondern nur Zweck zu einer Handlung oder einem Ziel ist".[112] Benjamin gibt dabei eindrucksvoll Auskunft über sein Verständnis von Sprache und den Bedingungen seines Umgangs mit ihr:

„So unmöglich es mir ist, wirkendes Schrifttum zu verstehen, so unfähig bin ich, es zu verfassen […] in wievielerlei Gestalten auch die Sprache sich wirksam erweisen mag, sie wird es nicht durch die Vermittlung von Inhalten, sondern durch das reinste Erschließen ihrer Würde und ihres Wesens tun."[113] Benjamin beschreibt seinen Umgang mit Sprache und seinen „Sprach-Willen" so:

„Mein Begriff sachlichen und zugleich hochpolitischen Stils und Schreibens ist: hinzuführen auf das dem Wort versagte; nur wo diese Sphäre des Wortlosen in unsagbar reiner Macht sich erschließt, kann der magische Funken zwischen Wort und bewegender Tat überspringen, wo die Einheit dieser beiden gleich wirklichen ist. Nur die intensive Richtung der Worte in den Kern des innersten Verstummens hinein gelangt zur wahren Wirkung."[114]

Benjamins Brief wird von Buber nicht beantwortet.

Benjamins Biograph Werner Fuld ist der Meinung, daß Martin Bubers 1917 unter dem Titel „Die Lehre, die Rede und das Lied" publizierte Schrift eine „kryptische späte Antwort", aber „in gewissem Sinn auch ein Plagiat Benjaminscher Gedanken"[115] darstelle. Soweit wird man nicht gehen müssen, aber dieses Beispiel zeigt doch die Assimilierung einer Vielzahl eindrucksvoller Gedanken und Vorstellungen von den besten geistigen Kräften unter seinen Zeitgenossen. Ja, man kann solche Rezeption und Aneignung durchaus als Spezifikum von Bubers Persönlichkeit ansehen.

Die Familie Buber lebt jetzt in Heppenheim. Martin Buber, nun achtunddreißig Jahre alt, nimmt ganz die Rolle eines häuslichen Patriarchen ein, dessen distanzierte Haltung gegenüber den beiden Kindern nicht ohne Folgen für deren Entwicklung bleibt. Paula Buber soll einem Freund der Familie einmal erzählt haben, sie könne die Kinder unmöglich unter der Aufsicht ihres Mannes allein lassen, er würde sie in eine Schublade verschließen und dann vergessen. Tochter und Sohn werden bis zu ihrem zwölften Lebensjahr zu Hause unterrichtet. Der Sohn Rafael leidet unter dem großen Schatten, den die Person und der Name des Vaters wirft. Mit siebzehn verläßt er das Gymnasium und tritt aus pubertärem Protest in die österreichische Armee ein. Später stilisiert er sich auf seinem weiteren Lebensweg im Gegensatz zum Vater als „Antiintellektueller".

Ein gewisser geistiger Austausch findet zwischen Buber und der Tochter Eva statt; doch als Eva später, nun achtzehnjährig, selbst ihren Studienweg bestimmen will – sie plant, in Stuttgart Gartenbau zu lernen –, befindet Buber, sie habe in Heppenheim zu bleiben, weil sie von Paula und ihm gebraucht werde.

Es ist später wiederholt auf die Diskrepanz von Martin Bubers Denken und der Realität in der Buberschen Familie hingewiesen worden. „Eine solch übertriebene Bevormundung [der Kinder]", schreibt beispielsweise Haim Gordon, „war natürlich unverantwortlich. Und sein [Bubers] Mangel an Gespür für das Bedürfnis seiner Tochter, ihren eigenen Weg zu finden, zeugt von einer Einstellung, die ich mir erlaube als egoistisch zu bezeichnen."[116]

Diesem Urteil ist nicht zu widersprechen. Doch man kann die Sache gewiß auch anders herum sehen: Eben weil Buber im privaten Bereich Konflikte dieser Art mit seinen Kindern erlebte, könnte es ihm wichtig geworden sein, die zwischenmenschlichen Beziehungen neu zu durchdenken und ihre Wichtigkeit zu unterstreichen.

Eine fürchterliche Schramme auf der Seele hinterläßt bei Buber die grausame Ermordung Gustav Landauers im Mai 1919. Als Hintergrund muß man sich nicht nur an Landauers Rolle in der Münchner Räterepublik erinnern. Gerade weil Landauer keiner Partei angehört und sich weigert, selbst eine Partei zu gründen, ist er auch vielen im linken Lager ein Dorn im Auge. Zeitweilig soll er von seiten der Staatsmacht der am meisten bespitzelte Mann in Deutschland gewesen sein. Nach Kriegsende widersetzt sich Landauer der Einberufung einer Nationalversammlung. Er sieht in ihr einen Wiederbelebungsversuch des „vermoderten Parteiwesens, das mit größter Schamlosigkeit schon wieder so tut, als habe es eine Existenzberechtigung."[117]

Nach einer Gedenkfeier für die ermordeten deutschen Kommunisten Rosa Luxemburg und Karl Liebknecht am 6. Februar 1919 in München, an der sowohl Buber wie auch Landauer teilnehmen, kommt es zu einer Diskussion über Terror, bei der ein Spartakusführer erklärt, der

Vorsitzende der politischen Geheimpolizei der Sowjets habe hundert Todesurteile an einem Tag unterzeichnen können, und das mit reiner Seele.

Buber widerspricht heftig, es komme nicht auf die Seele an, sondern auf die Verantwortung.

Bei dieser Gelegenheit hat er auch die Führer der Revolution in Bayern kennengelernt. An seinen späteren Schwiegersohn Ludwig Strauß berichtet Buber unter dem 22. Februar 1919:

„... Ihren Brief habe ich bei meiner Rückkehr aus München vorgefunden, wo ich eine mich tiefbewegende Woche in einem stetem Verkehr mit den revolutionären Führern verbracht habe, eine Woche, deren furchtbar natürlicher Abschluß die Kunde von Eisners Ermordung[118] war. Die innersten menschlichen Probleme der Revolution waren rückhaltlos erörtert worden, ich hatte in das Geschehen hinein gefragt und geantwortet, und es ereigneten sich Nachtstunden von einer apokalyptischen Schwere, darin mitten in einer Diskussion das Schweigen beredt und die Zukunft deutlicher wurde als die Gegenwart. Dabei war es den Allermeisten nur ein neues Getriebe, und es war mir vor ihnen zuweilen wie der Kassandra zumute. Eisner hatte ich in die Dämonie seiner zwiegespaltenen Judenseele hineingesehen, das Verhängnis strahlte aus seiner Glätte hervor, er war gezeichnet. Landauer wahrte mit äußerster Anstrengung der Seele den Glauben an ihn und deckte ihn, ein Schildträger von erschütternder Selbstverleugnung."[119]

Am 21. Februar wird Eisner ermordet. Das politische Chaos nimmt zu. Der Schriftsteller Stefan Grossmann schreibt unter dem 13. April 1919 an eine Kollegin: „Landauer ist der wichtigste Mann in München, denn er ist der einzige mit einem Gefühl von Verantwortung und auch Einsicht im Kabinett."[120]

Nach dem Einzug der Truppen des Deutschen Reiches am 1. Mai in München wird Landauer aufgrund einer Denunziation verhaftet. Man fährt ihn mit einem Lastwagen zu einem Friedhof. Dort soll er erschossen werden. Seine Hinrichtung findet nicht statt, man transportiert ihn stattdessen in ein Gefängnis nach Starnberg und dann nach Stadelheim. Dort wird er von einem Offizier mit der Reitpeitsche schwer mißhandelt. Er wird zu Tode geschossen, geschlagen und getreten. Seine Leiche wird in ein Massengrab geworfen. In deutsch-nationalen und katholischen Zeitungen werden schändlichste Verleumdungen gegen ihn gedruckt. 1923 errichten Freunde in einem Wald bei München zu seinem Andenken einen Obelisk. Dieser wird zehn Jahre später von den Nazis entfernt.

Buber hat in einem Nachruf unter dem Titel „Landauer und die Revolution" den Freund mit Jesus Christus verglichen. Er hat in ihm einen religiösen Revolutionär im Sinn seiner Sozialphilosophie, einen Revolutionär des Geistes, gesehen, einen, der „die organische Substanz"[121] durch den Abgrund in eine neue Welt trägt. Die grausigen Umstände, unter denen der Freund zu Tode kam, haben Buber sein Leben lang verfolgt. Bei dem auf Tonband aufgezeichneten Gespräch mit dem Psychoanalytiker Carl Rogers beschreibt er seine Empfindungen während des Ersten Weltkriegs:

„Ich konnte das nicht verhindern, was sich da (an Gewalttaten) abspielte, und so war ich gezwungen, mir vorzustellen, all dies richte sich gegen mich […] über vier Jahre hin. Und als der Krieg dann aus war, wurde im Mai 1919 ein enger Freund von mir, ein großer Mann, von antirevolutionären Soldaten getötet […] auf barbarische Weise, und wieder sah ich mich gezwungen, dieses Töten nachzuerleben, nicht optisch, sondern mit meinem Körper."[122]

Buber sagt weiter, er habe danach eine Verpflichtung gefühlt, vor allem in Gesprächen mit jungen Leuten „die Frucht seiner Erfahrung" kundzutun.

Noch 1960 bekennt er im Gespräch mit Maurice Friedman, daß dies – nämlich seine Empfindungen über den Tod Landauers – ein „autobiographisches Fragment" sei, das er nicht schreiben könne.[123]

7
Herausgeber, Lektor, Übersetzer, Lehrer

„Es kommt also nicht darauf an, ein ‚Ideal' zu verkünden und seine Erfüllung zu fordern, zu verfechten und abzuwarten, sondern darauf, an jedem Morgen mit der Verwirklichung des Rechten neu zu beginnen, ohne zu wissen, wie weit man heute kommt, wissend, daß es am nächsten Tag erneuten Anfang gilt – und daß in diesem All-Tag verborgen unser Vollenden und unsere Vollendung ruht."

Martin Buber: Im Anfang (1924)

1916, als Martin Buber mit Frau und zwei Kindern nach Heppenheim übersiedelt ist, hatte er die Monatszeitschrift „Der Jude" gegründet, die über acht Jahre hin erscheint und vor allem um die Vermittlung der Gegensätze im Judentum bemüht ist.

Rafael Buber, der Sohn, erhält nach Ende des Ersten Weltkriegs eine landwirtschaftliche und kaufmännische Ausbildung. Er heiratet später in erster Ehe die Schriftstellerin Margarete Buber-Neumann. Er wird von ihr geschieden, und Martin und Paula Buber erhalten das Sorgerecht für ihre Enkelkinder, die über Jahre hin bei ihnen aufwachsen.

Das wohl wichtigste Werk, das in diesem Zeitabschnitt entsteht, ist „Daniel – Gespräche von der Verwirklichung", mit dem sich schon Bubers Hauptwerk „Ich und Du" vorbereitet. Mir persönlich erscheint es als das am schwersten zugängliche Werk Bubers. Obwohl die darin dargestellten Gespräche von konkreten Situationen ausgehen, wirken diese Texte seltsam abstrakt. Dies mag wohl auch schon Gustav Landauer empfunden haben, dem Buber Einsicht in das im Entstehen begriffene Werk gibt und der nach der Lektüre im August 1912 an ihn schreibt:

„Sie müssen also noch für einige Konkretheit, Anschaulichkeit, Lebendigkeit sorgen." In einem späteren Brief gab er zudem den Rat gab:

„Sie sollten sich nicht begnügen, kunstvoll aber gelassen die Resultate in Ihrem Innern zu beschauen und aus Ihrer Seele abzuschreiben, Sie müßten uns stärker, lebendiger zwingen."[124]

Es ist wohl richtig, wenn in den Briefen Landauers gesagt wird, daß nach einer „Phase des mystischen Einswerdens der Seele mit Gott" nun ein „neues Verhalten zur Welt" gesucht wird. Der Ausgangspunkt läßt sich mit der Erfahrung der Entfremdung des Menschen von den Gegenständen der Welt beschreiben. Er kann diese Gegenstände erkennen und gebrauchen, aber zugleich empfindet er sich auch als ein Gegenstand. Dieser Zustand soll überwunden werden. Es geht um die Auflösung der Entfremdung, um die Herstellung einer lebendigen Beziehung, den Vorstoß aus der Erstarrung zur Lebendigkeit, es geht um „Verwirklichung". Am Ende der „Daniel"-Texte steht der Satz: „Das Menschenleben kann der Bedingtheit nicht entraten. Aber das Unbedingte steht unauslöschbar im Herzen der Welt geschrieben."

Durch seine Tätigkeit als Herausgeber der Monographienreihe „Die Gesellschaft" bei Rütten und Loening und als Herausgeber der Zeitschrift „Der Jude" kommt Buber mit der intellektuellen Elite seiner Zeit in Berührung.

Wichtig ist die Begegnung mit Ernst Simon (1899–1988), einem jungen Historiker und Germanisten, der unter dem Eindruck seiner Erlebnisse im Ersten Weltkrieg Zionist geworden ist. Er übernimmt 1923 die Redaktion der Zeitschrift „Der Jude". Er ist es, der die Art und Weise, in der Buber später seine Lehrtätigkeit am Freien Jüdischen Lehrhaus zu Frankfurt/Main ausübt, kritisiert und diesen dadurch zwingt, über die Grundsätze des Erzieherischen nachzudenken. Auch Simon geht schließlich nach Palästina und hat es dort schwer, sich ob seines Eintretens für die Araber zu behaupten. Er wird in Jerusalem Bubers engster Freud in dessen letzten Lebensjahren und sein literarischer Nachlaßverwalter.

Die Gründung der Vierteljahresschrift „Die Kreatur" 1926, die im Verlag Lambert Schneider in Berlin herauskommt und bis 1930 erscheint, ist ein Unternehmen, das Juden und Christen vereint. In ihr wird versucht, die damals bestehenden politischen und sozialen Probleme im Sinn von „Antworten der jeweiligen Religion zu lösen". Neben dem Juden Martin Buber gehören zu dem Kreis von Männern, die das Profil der Zeitschrift bestimmen: der Katholik Joseph Wittig (1879–1949), 1903 zum Priester geweiht, seit 1911 Professor für Kirchengeschichte in Breslau, 1926 von der Amtskirche wegen seiner Weigerung, gewisse Interpretationen zurückzunehmen, exkommuniziert und emeritiert. Danach hat er geheiratet und wurde freier Schriftsteller, ein Denker, der in Wort und Schrift die Gewissensfreiheit des Christen gegenüber Kirche und Gesellschaft verteidigt. 1946 wird er vom Papst rekonziliert; als Protestant Viktor von Weizsäcker (1886–1957), der Begründer einer anthropologischen Medizin mit psychosomatischer Auffassung der Krankheitsentstehung und -heilung unter Heranziehung der Tiefenpsychologie und der Psychoanalyse; schließlich als wichtiger Mitarbeiter Ernst Michel (1889–1964), Soziologe, Kulturpolitiker und Psychotherapeut, ab 1922 Dozent an der an die Frankfurter Universität angeschlossenen „Akademie der Arbeit"; endlich der Sprachphilosoph, Rechtshistoriker und Soziologe Eugen Rosenstock-Huessy (1888–1973), Gründer der Frankfurter Akademie der Arbeit und als Honorarprofessor für Sozialwissenschaften an der Universität. Das Anliegen der Volksbildung: „Politik aus dem Glauben, Sozialismus, der vom Evangelium oder von den Propheten hergeleitet wurde"[125], so charakterisiert Grete Schaeder, die Herausgeberin der Briefe Martin Bubers, den Kreis von

Bubers Freunden. So nimmt es nicht wunder, daß Buber 1930 mit dem Gedanken umgeht, einen „Bund religiöser Sozialisten" zu gründen, ein Plan, der durch die politischen Ereignisse der nächsten Jahre durchkreuzt wird.

Auch Hermann Gerson gehört diesem Kreis lebhaft wirkender Männer an. Aus der Jugendbewegung kommend, bittet er Buber Ende 1926 noch während seines Studiums in Berlin, sein geistiger Führer zu werden. 1932 bildet sich um Gerson der Kreis der „Werkleute". Ohne Zionisten zu sein, empfinden diese jungen Leute Begeisterung für die Religion der Juden; ohne Kommunisten zu sein, bekennen sie sich zu einem revolutionären Sozialismus. Nach der von Buber ausgegebenen Parole, Volkserziehung sei eine der Hauptaufgaben der Juden im Exil, fordert Gerson seinen Kreis auf, in Deutschland zu bleiben und hier die Werte des Judentums zu verteidigen. 1934 verläßt er unter dem wachsenden Druck der Nationalsozialisten dann doch Deutschland. Die Werkleute gründen in Palästina einen Kibbuz und schließen sich der marxistischen Bewegung Haschomer Hazair an, die ebenfalls aus der Jugendbewegung hervorgegangen ist. In Gersons Verhältnis zu Buber vollzieht sich in Palästina ein Bruch, als er erkennt, „daß Buber in Palästina zwar Professor werden, aber kaum der große Führer der jüdischen Jugend sein könne, als den er ihn in Deutschland angesehen hatte."[126]

Wohlwissend, daß damit die Aufzählung der Künstler und Philosophen, die von Bubers Charisma angezogen werden, bei weitem nicht vollständig ist – beispielsweise gehören dazu auch Albert Schweitzer (1875–1964) sowie Dichter und Autoren wie Max Brod, Theodor Däubler, Franz Werfel, Rudolf Borchardt, Karl Wolfskehl, Stefan Zweig, vor allem aber auch Hermann Hesse, dessen Roman „Der Steppenwolf" Buber besonders beeindruckt –, sollte die bloße Erwähnung dieser Namen hier als Hinweis auf den intellektuellen Horizont verstanden werden.

Nur von einer Person muß wegen ihres Bezuges zu einem Hauptwerk Martin Bubers ausführlicher die Rede sein, von dem Philosophen und jüdischen Erwachsenenbildner Franz Rosenzweig.

1886 geboren, sind ihm in der Jugend früh die Widersprüche des vom Vater überlieferten assimilierten Judentums bewußt geworden. Das heißt nicht, daß ihn dessen religiöse Dimension nicht interessiert hätte. Der Ausbruch des Weltkriegs 1914 beweist ihm endgültig, „daß die Zeit vorüber ist, in der man an die Herrschaft der Vernunft in der Geschichte glauben kann."[127]

Mit dem Schock des Kriegserlebnisses wird ihm die gesamte philosophische Tradition des Abendlandes, „von Jonien bis Jena", fragwürdig. Er hat bei Friedrich Meinecke mit einer bedeutenden Arbeit über „Hegel und den Staat" promoviert, aber dann auf eine akademische Karriere verzichtet, um sich der jüdischen Volksbildung zu widmen. Meinecke läßt er in diesem Zusammenhang wissen, daß Erkennen ihm nicht mehr Selbstzweck sei. Vielmehr sei es ihm zum Dienst geworden, zum Dienst am Menschen. Seine 1918/19 zunächst in Form von Feldpostbriefen entstandene Schrift „Der Stern der Erlösung" (erschienen 1921) eröffnet eine neue existentialistische Sicht auf das Judentum. Rosenzweig versucht, das Hegelsche System des Idealismus zu überwinden, indem er die selbständigen Beziehungen zwischen Gott und Mensch, Mensch und Welt und Gott und Welt untersucht. Rosenzweig wollte das Grundproblem der Kommunizierbarkeit der Wahrheit, insbesondere die Erfahrung des Todes als Wirklichkeit und damit als die Möglichkeit der Erkenntnis der Offenbarung, erfassen. In der Auseinandersetzung mit Hegel stößt er auf die Einsicht: „So, wie die Philosophie stets versucht hat, die Exteriorität des Todes zu neutralisieren und ihm einen vernünftigen Sinn zu verleihen, so hat die Tradition des christlichen Abendlandes immer versucht, die radikale Andersheit des Judentums zu leugnen, indem sie es in ihrem eigenen Sinneshorizont auflösen wollte."[128]

Zwar erwirbt er sich mit seinem Buch großes Prestige,

aber er muß auch einsehen: Kaum jemand hat für die darin dargestellten komplexen Zusammenhänge ein genaues Verständnis aufgebracht. Er sieht sich darum genötigt, vier Jahre später in der Zeitschrift „Der Morgen" den Essay „Das neue Denken" als Einführung in sein Hauptwerk zu veröffentlichen. Aus der oben beschriebenen „Entfremdung" will er das Judentum befreien.

Entscheidende Einsichten hatten sich für Rosenzweig aus einem „Nachtgepräch" mit dem zum Protestantismus übergetretenen Juden Eugen Rosenstock und Rudolf Ehrenberg, einem ebenfalls getauften Vetter Rosenzweigs, ergeben. Es schloß sich ein Briefwechsel an, in dem es Rosenstock gelang, Rosenzweig davon zu überzeugen, „daß der Glaube an eine geoffenbarte Wahrheit den einzigen Anhaltspunkt bietet, von dem aus gesehen die Welt einen absoluten Sinn erhält".[129] Der Dialog zwischen Franz Rosenzweig und Eugen Rosenstock kreist in den nachfolgenden Jahren unter anderem um die Frage, wie man die Auserwähltheit Israels zu verstehen habe. Dabei stößt Rosenzweig auf die Einsicht, daß als eine Quelle des Nationalismus der biblische Erwähltheitsgedanke anzusehen sei, der mit der Französischen Revolution nach Mitteleuropa übertragen worden sei. „In seiner Darstellung des ‚herrschenden' Volkes war Hegel vom Frankreich Napoleons beeinflußt. Fichte wiederum hatte für Deutschland die Rolle eines neuen ‚auserwählten Volkes' in Anspruch genommen. Im 19. Jahrhundert konnten sich die nationalen Bestrebungen auf das Recht jedes einzelnen Volkes berufen, die ihm zukommende Rolle auf der Weltbühne spielen zu dürfen; der koloniale Imperialismus fand seine Legitimation in der ‚zivilisatorischen Mission' der aufgeklärtesten Völker; im Jahre 1914 hatten sämtliche europäischen Großmächte bei dieser oder jener Gelegenheit Anspruch auf die Rolle des Herrenvolkes erhoben."[130] Rosenzweig hat die Idee der jüdischen Auserwähltheit demgegenüber ganz anders interpretiert: „Die jüdische Idee der Auserwähltheit bedeutet [...] nicht die unverjährbare Vererbung eines unveräußerlichen Rechtes, sondern vielmehr die Einzigartigkeit oder Einmaligkeit eines Volkes, das sich dem Determinismus der Geschichte entzieht, um die Utopie der Erlösung als Vorwegnahme im Symbolismus seiner Riten und in der ihm eigenen liturgischen Zeit zu erleben."[131] Der Endpunkt der Diskussion zwischen Rosenzweig und Rosenstock ist die Feststellung einer „unüberbrückbare(n) Verschiedenheit von Christentum und Judentum".[132]

Die geschichtliche Entwicklung seit Ende des 18. Jahrhunderts beleuchtend, sieht Rosenzweig im Zionismus die messianische Reaktion auf das emanzipierte Judentum, das im säkularisierten Christentum seine Entsprechung habe. „Unbewußt und unwillkürlich spielt das moderne religionslose Judentum dem modernen Christentum gegenüber die heilsgeschichtliche Rolle eines Mahners, der es auf seine eigene Unvollkommenheit hinweist."[133]

Judentum und Christentum verkörpern jeweils eine andere Beziehung zur Erlösung. Die Aufgabe des Christentums sei es, die historische Welt allmählich zur Erlösung zu führen, die des mit sich selbst identifizierten Judentums, seinem eigenen Wesen treu zu bleiben.

Jeder Mensch, so beschreibt interpretierend Stéphane Mosès den Standpunkt, der sich bei Rosenzweig entwikkelt hat, jede Gesellschaft, jedes Volk bezeuge somit den Wahrheitsanteil, der sich aufgrund der jeweils besonderen Stellung und Berufung offenbare. Christentum und Judentum stellen somit zwei verschiedene Erlösungsparadigmen dar.

Diese Feststellung wird dann zum „Eckstein" der von Rosenzweig im „Stern der Erlösung" entwickelten Theorie: „In der Wirklichkeit der Existenz wird die Wahrheit nicht *bewiesen*, sondern *erprobt:* wahr ist, was auf die Probe gestellt werden kann. Eine Wahrheit glauben, heißt für sie zeugen."[134] Wahrheit wird von „bewähren" abgeleitet.

Der geistige Berührungspunkt zwischen Franz Rosenzweig und Martin Buber liegt zweifellos in einer von beiden akzeptierten neuen Wissenstheorie, der zufolge „Wahrheit aufhört zu sein, was wahr ‚ist', sondern eine Wahrheit wird, die im tätigen Leben bewährt werden muß".[135]

Konsequent hat Franz Rosenzweig mit der Gründung des „Freien Jüdischen Lehrhauses" in Frankfurt/Main versucht, Wege zum wahren Tun durch das Studium der Traditionsquellen zu eröffnen.

Die Annäherung zwischen Buber und Rosenzweig vollzieht sich – jedenfalls von Seiten Rosenzweigs her – zunächst im Zeichen einer gewissen Skepsis. Ein bezeichnender Satz für die Einschätzung Rosenzweigs aus dem Jahr 1917 lautet: „Es ist sicher weniger gefährlich für einen Propheten, im Zivilberuf Hirt, Bauer, Handwerker, Prinz zu sein als gerade Literat."[136] Als Rosenzweig Buber aber Ende 1921 in Heppenheim besucht, stellte er fest, daß dieser „nicht mehr der mystische Subjektivist" ist, „als den ihn die Leute anbeten, sondern daß er auch im Geiste anfing, ein solider und vernünftiger Mensch zu werden. Ich war ganz baff von der großen Ehrlichkeit, mit der alle Dinge bei ihm herauskommen."[137]

Rosenzweig hat nämlich die etwas heikle Frage nach den Originalvorlagen für die Schriften zum Chassidismus gestellt, und Buber findet sich gleich bereit zu einer Probelektion an einem aus dem Nebenzimmer rasch herbeigeholten Originaltext.

Rosenzweig gelingt es, Buber als Dozent für das „Freie Jüdische Lehrhaus" zu gewinnen, und dieser liest zum Thema „Religion als Gegenwart".

Das 1920 von Rosenzweig gegründet Freie Jüdische Lehrhaus in Frankfurt/Main stellt den Versuch dar, das alte jüdische Bet ha-Midrasch (Haus des Lernens) zu modernisieren. Im traditionsgebundenen Judentum waren die Lehrhäuser Zentren der Gelehrsamkeit und frommer Disputation gewesen. Hier versammelten sich die „bachurim", die Studenten des jüdischen Schrifttums, um sich gemeinsam dem Studium des Talmud und der Bibel zu widmen. Unter Anleitung eines Rabbiners oder einer gelehrten Privatperson konzentrierte sich das Lernen auf die Auslegung der Texte. Mit der schon in der babylonischen Zeit praktizierten und seitdem vom Talmud vorgegebenen Dialektik des Fragens und Antwortens sollte nicht nur die Kenntnis der Schriften vertieft, sondern auch der Scharfsinn der Studenten geschult werden.

Als Rosenzweig schließlich durch den Ausbruch einer tückische Krankheit zu einer Vorlesungstätigkeit nicht mehr fähig ist, schlägt er Buber auch als seinen Vertreter als Dozent für jüdische Philosophie und Ethik an der Frankfurter Universität vor. Zum ersten Mal übernimmt Buber damit ein akademisches Amt. Ab 1930 ist er dann als Honorarprofessor für Religionswissenschaften und jüdische Ethik an eben dieser Universität tätig.

Bubers philosophische Schrift „Ich und Du" hat dann in Rosenzweig noch vor dem Erscheinen einen kritischen Leser gefunden, der, wie wir sehen werden, mit verblüffender Sicherheit den Finger auf die Schwachstelle von Bubers Argumentation legt. Von Rosenzweig stammt jene Charakterisierung, Bubers Denken bewege sich auf dem schmalen Grat zwischen Theologie und Philosophie, die später Maurice Friedman als Titel für seine umfassende Buber-Biographie benutzt.

Im April 1925 wendet sich Lambert Schneider, der eben in Berlin einen Buchverlag gegründet hat, mit der Bitte an Buber, ihn bezüglich einer revidierten Übersetzung des Alten Testaments zu beraten.

Offenbar ist schon zuvor zwischen Buber und Rosenzweig über eine Neuübersetzung der „Schrift" und die damit verbundene Problematik diskutiert worden. In der ersten Nummer der „Kreatur" findet sich dann eine Probe aus Rosenzweigs im Entstehen begriffenen Buch mit kommentierten Übersetzungen von Gedichten des mittelalterlichen hebräischen Dichters Jehuda Halevi (um 1080–1145) und ein Ende 1925 von ihm verfaßter Aufsatz „Die Schrift und das Wort". Hier spricht Rosenzweig vom

Verhängnis des Wortes, indem es zur Schrift wurde, des Wortes, das ursprünglich ein gesprochenes gewesen sei. Er hält diesen Aspekt für eine neue Übersetzung der Schrift für bestimmend, wovon in einem der nachstehenden Exkurse noch ausführlich zu handeln sein wird.

Seit dem November 1921 bemerkt Rosenzweig an sich Symptome einer dann als unheilbar diagnostizierten Krankheit, *amytrophe Lateralösklerose,* die mit einer fortschreitenden Störung der gesamten Motorik, also auch der Fähigkeit zu sprechen, einhergeht. Zunächst geben ihm die Ärzte nicht länger als ein Jahr Lebensfrist. Er wird dann noch acht Jahre am Leben bleiben, freilich unter zunehmenden Behinderungen, die geistige Arbeit nur noch mit Hilfe anderer zulassen. An seinem 40. Geburtstag 1926 ist Rosenzweig schon nicht mehr in der Lage zu sprechen. Durch ein schwieriges mechanisches Kommunikationssystem leistet er dennoch bis zu seinem Tod im Jahr 1929 seinen Beitrag zur Übersetzung der Schrift.

1929 wird der Lehrbetrieb am Freien Jüdischen Lehrhaus vorübergehend eingestellt. 1933 eröffnet es Martin Buber erneut mit festem Sitz im Gebäude der B'nai B'rith-Loge in der Eschenheimer Landstraße in Frankfurt/Main. Nach der Pogromnacht 1938 muß die Einrichtung endgültig schließen.

Zusammenfassend läßt sich sagen, daß Buber – nicht zuletzt durch den Einfluß Rosenzweigs – in dieser Periode seines Lebens den Schwerpunkt seines Engagements auf die Erziehung verlagert hat, und zwar mit dem Ziel, zu einem lebendigen, gemeinschaftlichen Judentum zu gelangen. „Vor allem die Erwachsenenbildung im Rahmen einer Reformierung des gesamten Bildungs- und Erziehungswesens nimmt einen Hauptanteil in Bubers Denken und öfentlichem Wirken nach dem Ersten Weltkriegs ein"[138], stellt Siegbert Wolf fest.

Die Bekanntschaft mit Gleichgesinnten, auch der kritische Austausch mit ihnen, ist schließlich die Voraussetzung für die Entstehung seines philosophischen Hauptwerks „Ich und Du", das, wie Buber es selbst nannte, „erdient" worden, „auf einem weitausholenden Weg erwandert"[139] worden ist, also sich durch konkrete Erfahrungen im Umgang mit Partnern entwickelte.

Abschließend in diesem Kapitel ist ein Blick auf den engsten Kreis um Buber zu werfen, auf die Familie.

Sein Sohn Rafael hält sich nach dem Ersten Weltkrieg vorübergehend in Worpswede bei Heinrich Vogeler auf. Er ist, wie schon erwähnt, in erster Ehe mit der Schriftstellerin Margarete Buber-Neumann verheiratet, hat mit ihr zwei Kinder, Barbara und Judith, für die nach der Scheidung der Eltern den Großeltern Buber das Sorgerecht zugesprochen wird.

Eva (später Chava)[140] Buber, Martin Bubers Tochter, heiratet einen Freund ihres Vaters, den Dichter und Literaturwissenschaftler Ludwig Strauß (1892–1953). Sie wandert mit ihm und ihren zwei Söhnen Emmanuel und Martin (Micha) schon 1935 nach Palästina aus.

Die Erziehung jener Enkelkinder, die mit im Haushalt in Heppenheim leben, bleibt weitgehend Paula Buber überlassen, Buber verbringt „ziemlich zurückgezogen" jeden Tag viele Stunden in seinem Studierzimmer. Andererseits ist er durchaus bereit, sich jenen jugendlichen Pilgern zu widmen, die ihn aufsuchen, um philosophische Fragen oder solche der Lebensführung mit ihm zu erörtern.

„Häufig machten junge Leute, die durch Deutschland wanderten, in Heppenheim Station und kamen, um meinen Großvater zu besuchen", berichtet die Enkeltochter. „Manchmal übernachteten sie sogar in unserem Haus. Es schien mir, als wolle jeder mit meinem Großvater sprechen. Viele Menschen kamen auch von weit her und trugen seltsame Kleidung. In Heppenheim geht die Geschichte, daß der Bahnhofsvorstand, wenn er jemanden mit einem Turban oder anderer seltsamer Kleidung aus dem Zug steigen sah, diesem sofort sagte, daß er zuerst nach rechts gehen sollte, dann an der ersten Straßenecke nach links und dann immer geradeaus, bis er zu Bubers Haus käme. Er wartete nie darauf, daß die Person fragte, wie sie zu Bubers Haus kommen könnte."[141]

Paula Buber ist eine gute Köchin, eine sportliche Frau, die gut schwimmt und gern Fahrrad fährt, weiterhin schreibt und vor allem Freude an ihrem großen Garten hat, dessen Blumen oft als Anreiz dienen, Buber ins Freie zu locken, wenn er sich gar zu lange hinter den Büchern verkrochen hat. Für Gute-Nacht-Geschichten, die den Enkeln erzählt werden, ist Paula zuständig, während Martin Buber bei schlechten Zeugnissen Vorhaltungen machen muß. Von Zeit zu Zeit besteht Paula darauf, daß sich alle Hausgenossen, also auch Buber und sein Sekretär samt den zwei Hausangestellten und Kindern, zu einem Spieleabend zusammenfinden. Dann kann Martin Buber ganz locker und sehr unterhaltsam sein.

Über das Verhältnis der Großeltern zueinander erzählt Judith:

„Buber nannte meine Großmutter häufig Paulaschöne. Er küsste ihr die Hand. Es war klar, daß sie die stärkere Person im Haus war, diejenige, die die Dinge entschied. Es gab uns gegenüber wenig Liebesbekundungen. Wenn wir uns nach einer längeren Zeit wiedersahen oder für länger voneinander Abschied nahmen, küßte er uns oder fuhr uns übers Haar und sagte: ‚ein jüdischer Kopf'."[142]

Von Judith Agassi-Buber erfahren wir auch, wie sich die Auswahl der Lektüre bei den Enkelkindern in Heppenheim vollzieht:

„Kinderbücher bekamen wir regelmäßig durch die Verleger, mit denen mein Großvater in Kontakt stand. [..] Wenn wir nichts zu lesen hatten, gingen wir zum Großvater und sagten ihm das. Dann fragte er: ‚Habt ihr schon alles von Dickens gelesen?' und führte uns zu dem entsprechenden Bücherregal. Er erlaubte uns nur bestimmte Bücher zu lesen. Ich erinnere mich, daß er sagte, Dostojewski sei noch nichts für mich. Noch am selben Tage nahm ich „Der Idiot" oder waren es „Die Brüder Karamasow" und schmökerte darin heimlich die ganze Nacht durch; ich verbarg das Buch unter dem Kissen, ehe ich es heimlich am nächsten Morgen ins Regal zurückstellte."[143]

Später unter der Herrschaft des Nationalsozialismus, als Judith und Barbara auf der Straße angepöbelt werden und man Steine nach ihnen wirft, spricht der Großvater mit ihnen über den Antisemitismus. Judith erinnert sich auch, daß der Großvater sie während der Zeit in Palästina (1940) vor einer Verherrlichung der Sowjetunion warnt. Als sie dann die Hebräische Universität besucht, hört sie Vorlesungen bei ihm, und er bespricht mit ihr auch ihre bei ihm eingereichten Arbeiten.

Außerdem sagt er ihr, erst müsse sie es zu etwas bringen, etwas werden, ehe sie politisch tätig werden könne. Dabei ist er niemand, der auf akademische Titel gesteigerten Wert legt. Die Enkelin Barbara schließt in Palästina die High School nicht ab, sondern geht an die Betsalel Kunstschule, und Buber unterstützt sie.

Ein entscheidendes pädagogisches Prinzip, das Judith bei ihrem Großvater sieht und von ihm übernimmt, drückt sie folgendermaßen aus:

„Als meine Tochter zu mir kam, sah ich mich mit einer völlig neuen Art, das Leben anzugehen, konfrontiert, und es war schwierig für mich, dies zu akzeptieren und darauf mit Verständnis und Geduld zu reagieren. Vielleicht sah sich Buber uns gegenüber vor denselben Schwierigkeiten. Und doch stimme ich mit seiner theoretischen Sicht völlig überein, daß der Erziehende das Gute in jedem jungen Menschen entwickeln und nicht ihn zwingen sollte, unbedingt den ‚korrekten' Weg einzuschlagen."[144]

Es gab aber bei der Erziehung der Enkel offenbar auch weiße Stellen. Sie erhielten absolut keine sexuelle Aufklärung, schon gar nicht von Buber. Alle physischen Aspekte des Lebens lagen in der Hand von Paula. Und auch sie hatte mit dem Thema Sex ihre Schwierigkeiten. Als eine der Enkelinnen die erste Periode bekam, hatte sie keine Ahnung, was da mit ihr geschah. Als Paula klar war, was da vor sich ging, steckte sie die Enkelin ins Bett und sagte zu ihr, sie solle nicht baden und keinen Sport treiben, auch nicht in der Küche oder im Garten arbeiten. „Ich bekam fast meine gesamte sexuelle Aufklärung aus Büchern oder von Freunden. Eine der negativen Seiten, in Bubers Haus aufzuwachsen, bestand darin, daß der Generationenabstand ins Gewicht fiel. Großmutter hat uns so erzogen, als ob Sex etwas sei, das nicht existiere. Sie schrieb Bücher, in denen unkonventionelle Liebesbeziehungen vorkamen. Sie war auch mit Leuten bekannt, die ein unkonventionelles Privatleben führten. Aber all das drückte sich nicht in unserer Sexualerziehung aus, die gleich null war. Und Buber, wie ich schon sagte, hielt sich im Hintergrund und mischte sich nicht ein oder wußte vielleicht auch gar nicht, was da vor sich ging."[145]

Wichtig für die Vorstellung von Bubers Persönlichkeit ist auch Paulas Haltung ihm gegenüber:

„Auf der einen Seite", berichtet Judith, die als eine ihm wohlgesinnte, aber nicht unkritische Beobachterin des Verhältnisses der Großeltern gelten darf, „trug sie selbst zu seiner Haltung bei, sie erkannte es an und schätzte es, daß er sehr begabt war und hart arbeitete. Sie betrachtete ihn als jemanden, der etwas Wichtiges zu sagen hatte. Und sie wollte, daß er die Gelegenheit hatte, es zu sagen. Auf der anderen Seite vermochte sie durchaus ihn zu kritisieren und ihm die Meinung zu sagen. Einmal, als Buber mich ausschimpfte, weil ich meine Magisterarbeit nicht zu Ende gebracht hatte, rief sie ihm zu: ‚Und wer hat ständig englische Romane gelesen, als er in derselbe Situation war?' So hat sie immer wieder seine Haltungen kritisiert. Sie mochte es nicht, wenn die Leute einen Propheten aus ihm machten. Als er gegen Ende seines Lebens in Deutschland und in den USA viele Ehrungen erfuhr, genoß sie das durchaus. Aber sie mochte es nicht, mit ‚Frau Professor' angeredet zu werden."[146]

Es ist ein hoch einzuschätzendes Verdienst, daß Haim Gordon durch Befragung der Kinder und Enkelkinder solch Einzelheiten fixiert hat. An Hand von ihnen erhält man ein höchst lebendiges und menschliches Bild vom Familienleben im Hause Buber.

Insgesamt gewinnt man aus den Berichten der Enkel den Eindruck, daß der Zustand des Familienlebens vielleicht nicht gerade idealtypisch gewesen sein mag, aber gewiß auch nicht katastrophal, vielmehr menschlich.

Dritter Exkurs

„Ich und Du"

„Daß der (Andere) nicht bloß ein andres Gemüt, eine andre Denkweise, eine andre Gesinnung und eine andre Haltung, sondern auch eine andre Weltwahrnehmung, eine andre Erkenntnis, eine andre Sinnhaftigkeit, ein andres Berührtwerden vom Sein her hat: das alles mitten in den harten Konfliktsituationen und ohne ihren Wirklichkeitsernst aufzuweichen bejahen, es geschöpflich bejahen, dies ist es, wodurch wir in diesem weiten uns mitanvertrauten Bereiche als Helfer amten dürfen und von wo uns allein je und je erlaubt ist, in unserm Bedenken an die ‚Wahrheit' oder ‚Unwahrheit', die ‚Treue' oder ‚Untreue', die ‚Gerechtigkeit' oder ‚Ungerechtigkeit' des Andern, in Demut und redlicher Erforschung zu rühren."

Martin Buber: Die Frage an den Einzelnen (1936)

Es scheint einfach.

Feststellungen werden getroffen:

„Die Welt ist dem Menschen zwiefältig nach seiner zwiefältigen Haltung.

Die Haltung des Menschen ist zwiespältig nach der Zwiefalt der Grundworte, die er sprechen kann.

Die Grundworte sind nicht Einzelworte, sondern Wortpaare.

Das eine Wortpaar ist das Wortpaar Ich – Du.

Das andre Grundwort ist das Wortpaar Ich – Es; wobei ohne Änderung des Grundwortes, für Es auch eins der Worte Er und Sie eintreten kann.

Somit ist auch das Ich des Menschen zwiefältig.

Denn das Ich des Grundwortes Ich – Du ist ein andres als das des Grundwortes Ich – Es."[147]

Über das, was hinter diesen Feststellungen steht, was sie bedeuten, wohin sie führen, drüber ist viel gerätselt, viel nachgedacht worden.

Soviel kann zunächst erklärend festgestellt werden: Das Sein des Menschen stellt sich nicht aus seinem Selbst, sondern vom „Zwischen" her, gemeint ist damit das, was sich zwischen seinem Selbst, zwischen ihm, und dem Mitmenschen ereignet.

Das Ich für sich allein, so Buber, kann nicht existieren.

Beziehungen bestehen zu drei Bereichen: der Natur, zu anderen Menschen und zu dem, was Buber „geistige Wesenheiten" nennt.

Sein, so betrachtet, beinhaltet Begegnung, Beziehung. Mit „Ich – Du" werden persönliche, eben Beziehung zu anderen Personen, mit „Ich – Es" unpersönliche Beziehungen zur „Ding-Welt" bezeichnet, wobei zu bedenken ist, daß Ich – Du-Beziehungen, auch mit Nichtpersonen, etwa mit Gegenständen der Natur, und unpersönliche, als Ich – Es-Beziehungen auch mit Personen entstehen können.

„Die Welt als Erfahrung gehört dem Grundwort Ich – Es zu. Das Grundwort Ich – Du stiftet die Welt der Beziehung."[148]

Der Unterschied zwischen beiden Bezügen ist also das, was dabei zwischen den beiden Polen vor sich geht.

Eine der anschaulichsten Darstellungen dessen, was geschieht, wenn sich eine echte Ich – Du-Beziehung ergibt, hat Buber in seinem Band „Zwiesprache, Traktat vom dialogischen Leben"[149] dargestellt:

„Jeder von uns steckt in einem Panzer, den wir bald vor Gewöhnung nicht mehr spüren. Nur Augenblicke gibt es, die ihn durchdringen und die Seele zur Empfänglichkeit aufrühren. Und wenn sich dergleichen uns angetan hat und wir dann aufmerken und uns fragen: ‚Was hat sich denn da Besondres ereignet? Wars nicht von der Art, wie es mir alle Tage begegnet?', so dürfen wir uns erwidern: ‚Freilich, nichts Besondres, so ist es alle Tage, nur wir sind nicht alle Tage da.'

Die Zeichen der Anrede sind nicht etwas Außerordentliches, etwas was aus der Ordnung der Dinge tritt, sie sind eben das, was sich je und je begibt, eben das, was sich ohnehin begibt, durch die Anrede kommt nichts hinzu. Die Ätherwellen brausen immer, aber wir haben zumeist unsern Empfänger abgestellt."[150]

Oder an anderer Stelle, den Vorgang weiter differenzierend:

„Die Du-Momente erscheinen in dieser festen und zuträglichen Chronik als wunderliche lyrisch-dramatische Episoden, von einem verführenden Zauber wohl, aber gefährlich ins Äußerste reißend, den erprobten Zusammenhang lockernd, mehr Frage als Zufriedenheit hinterlassend, die Sicherheit erschütternd, eben unheimlich, und eben unentbehrlich."[151]

Entscheidend für das Verständnis der Ich – Du-Beziehung ist der Satz:

„Geist in seiner menschlichen Kundgebung ist Antwort des Menschen an sein Du."[152] Er ist also gewissermaßen die Substanz, die jene Ätherwellen, von denen zuvor die Rede war, trägt.

„Geist", erläutert Siebert Wolf, „ergab für ihn [Buber] die Klammer zwischen Ich und Du. Da der ‚Geist' der Erkenntnis nicht im Ich, sondern zwischen Ich und Du anzutreffen ist, vermag das Individuum nur aufgrund seiner Beziehungskraft im ‚Geist' zu leben."[153]

In gewissen Sinn entspricht die Beziehung Ich – Es dem, was üblicherweise in der Philosophie als Subjekt-Objekt-Verhältnis angesehen wird. Dinge werden wahrgenommen, geordnet, registriert. Sie erweitern den Informationsstand und die Erfahrung des Ich, tangieren aber in keiner Weise die Tiefenschicht seiner persönlichen Existenz und den Sinn seines eigenen Lebens. „Ein Ich – Es-Verhältnis", schreibt Steven Katz in einer überaus klaren und auch für den Laien ohne Kenntnisse der Philosophiegeschichte verständlichen Interpretationen, „ist primär utilitaristisch. Das *Ich* beobachtet, berechnet, benutzt, manipuliert das *Es* (auch wenn es ein anderer Mensch ist) zu seinem eigenen Vorteil, ohne Anteilnahme oder Rücksicht für das, was gerade der Gegenstand der Überlegung oder der Manipulation ist. Der hervorstechende Zug einer solchen Beziehung ist die Teilnahmslosigkeit im Umgang des aktiven, erkennenden Bewußtseins mit dem Gegenstand, auf den dieses Bewußtsein gerichtet ist. Damit soll nicht gesagt sein, daß in einer solchen Beziehung der Erkennende und das Erkannte nicht aufeinander bezogen sind, denn das würde Bubers Grundvoraussetzung widersprechen, daß alles mit allem irgendwie in Beziehung steht, sondern gemeint ist, daß in solchen Beziehungen die Partner einander nicht ‚affizieren'. ‚Der Gegenstand mag »gegenwärtig« sein, aber wir sind nicht in der »Gegenwart« des Gegenstandes.'"[154]

Also gehören gegenständliche Erkenntnisse nach Buber in den Bereich der Ich – Es-Beziehung; sie vollziehen sich nach dem Kausalgesetz „im raumzeitlichen Zusammenhang".

Die genaue Darstellung der Ich – Du-Beziehung wird nun insofern noch weit schwieriger, als Buber erklärt, sie sei für Sprache nicht wahrhaft zugänglich, es könne immer nur auf sie „hingezeigt" werden.

Fragen wir also noch einmal: Was ist also der Unterschied der Ich – Es-Beziehung zu dem, was in der Beziehung Ich – Du geschieht? Man könnte sagen, es geschieht eine Verstärkung der Intensität, eine größere Offenheit, ja überhaupt eine intensive Öffnung gegenüber dem anderen; das Ich wird sich seiner Subjektivität bewußt. Zudem vollzieht sich dabei eine transzendente Erfahrung. Mit Bubers eigenen Worten: „Sie [die Welt, die dir im Ich – Du erscheint] hilft dir nicht, dich im Leben zu erhalten, hilft dir nur, die Ewigkeit zu ahnen."[155] Oder an anderer Stelle: „Die verlängerten Linien der Beziehungen schneiden sich im ewigen Du. Jedes geeinzelte Du ist ein Durchblick zu ihm. Durch jedes geeinzelte Du spricht das Grundwort das ewige an."[156]

Buber beklagt, daß der von Gleichheit, Ebenbürtigkeit und Offenheit bestimmte Dialog zwischen Ich und Du in der modernen Zivilisation immer seltener wird.

„Das Grundwort Ich – Es ist nicht vom Übel – wie die Materie nicht vom Übel ist. Es ist vom Übel – wie die Materie, die sich anmaßt, das Seiende zu sein. Wenn der Mensch es walten läßt, überwuchert ihn die unablässig wachsende Eswelt, entwirklicht sich ihm das eigne Ich, bis der Alp über ihm und das Gespenst in ihm einander das Geständnis ihrer Unerlöstheit zuraunen."[157]

Indem er dies in seiner Schrift bewußtmacht, liegt in ihr freilich auch die Aufforderung, dieser Entwicklung entgegenzuwirken.

Wie das geschieht, steckt in dem Satz:

„Der Mensch ist um so personhafter, je stärker in der menschlichen Zwiefalt seines Ich das des Grundworts Ich – Du ist." Und vom „geeinzelten Du"[158] führt eine Perspektive zum ewigen Du.

Anders ausgedrückt: Im Verhältnis von Ich – Du sei immer auch die Beziehung Ich – Ewiges – Du eingeschlossen, dies aber ist ein Synonym für Offenbarung, den Akt der Begegnung zwischen Gott und dem Menschen, bei dem Gott seine Gegenwart offenbart, und zwar als Handeln am Menschen mit dem Ziel, daß der Menschen sich besser versteht. Offenbarung sei in diesem Sinn niemals vollkommen, sondern wie alle menschliche Wahrheit stets teilweise, begrenzt und dem Irrtum unterworfen. Der Mensch entscheide selbst, was ihn aus der Offenbarung anspreche und was daraus für ihn verpflichtende Kraft habe. Die Verantwortung, der Offenbarung gemäß zu handeln, bedeute authentisch zu handeln, also das, was man tut, mit innerer Konzentration und unbedingtem Engagement auszuführen. Offenbarung sei immer persönlich, könne nicht zur Grundlage für allgemeine Vorschriften werden.[159]

Die zunächst befremdlich klingende Aussage, der Mensch gelange erst durch seine soziale Beziehung zu einem Ich, erst über das Du werde er dazu, ist durchaus richtig.

Zwar ist Gott „absolutes Du", aber für Buber ist die Gottesexistenz ebenso unbeweisbar wie die Behauptung, daß eine Beziehung zwischen Menschen und Gott tatsächlich besteht. Der Satz „Die Gottesbegegnung widerfährt dem Menschen nicht, auf daß er sich mit Gott befasse, sondern auf daß er den Sinn an der Welt bewähre"[160] dürfte ihm bei Fundamentalisten weder im jüdischen noch im christlichen Lager Freunde geschaffen haben.

Nach Buber beruht die Eigentümlichkeit der jüdischen Religion auf einer dialogischen Beziehung zwischen Gott und Mensch. Es komme in ihr also darauf an, „die Entfremdung zwischen ‚Ich' und ‚Welt' aufzuheben, die Geschichte anzunehmen und sich ihren Mysterien zu nähern. Ihre Richtung ist nicht vorauszubestimmen und bewegt sich doch in den Individualitäten zwischen beiden Polen: Verderben einerseits – Umkehr und Erlösung andererseits."[161]

Es zeigt sich hier, daß „Ich und Du" auch Bubers Gottesverständnis hervortreten läßt: Es ist ein Gottesbild, das zwar im Judentum wurzelt, sich aber nicht mit Dogmen, festgelegten Riten, Amtskirchen in Einklang bringen läßt. Dabei wird die Existenz Gottes so felsenfest angenommen, daß Buber einen Gottesbeweis nicht für notwendig erachtet.

Er selbst hat in einem der „Autobiographischen Fragmente" berichtet, wie sich das, was für ihn „Religiöses" war, wandelte. Zunächst schildert er seine mystische Phase:

„In jüngeren Jahren war mir das ‚Religiöse' die Ausnahme. Es gab Stunden, die aus dem Gang der Dinge herausgenommen wurden. Die feste Schale des Alltags wurde irgendwoher durchlöchert. Da versagte die zuverlässige Stetigkeit der Erscheinungen; der Überfall, der geschah, sprengte ihr Gesetz. Die ‚religiöse Erfahrung' war die Erfahrung einer Andersheit, die in den Zusammenhang des Lebens nicht einstand."[162]

Hier wird also das, was Buber „religiöse Erfahrung" nennt, als ein ekstatischer Moment geschildert, darauf aber sogleich die Gefahr einer solchen Haltung an einem Beispiel beschrieben:

„Es ereignete sich nichts weiter, als daß ich einmal, an einem Vormittag nach einem Morgen ‚religiöser' Begeisterung, den Besuch eines unbekannten jungen Mannes empfing, ohne mit der Seele dabei zu sein. Ich ließ es durchaus nicht an einem freundlichen Entgegenkommen fehlen, ich behandelte ihn nicht nachlässiger als alle seine Altersgenossen, die mich um diese Tageszeit wie ein Orakel, das mit sich reden läßt, aufzusuchen pflegten, ich unterhielt mich mit ihm aufmerksam und freimütig – und unterließ nur, die Fragen zu erraten, die er nicht stellte. Diese Fragen habe ich später, nicht lange darauf, von einem seiner Freunde – er selbst lebte schon nicht mehr (er fiel zu Anfang des ersten Weltkriegs) – ihrem wesentlichen Gehalt nach erfahren, erfahren, daß er nicht beiläufig, sondern schicksalhaft zu mir gekommen war, nicht um Plauderei, sondern um Entscheidung, gerade zu mir, gerade in dieser Stunde. Was erwarten wir, wenn wir verzweifeln und doch noch zu einem Mensch gehen? Wohl eine Gegenwärtigkeit, durch die uns gesagt wird, daß es ihn dennoch gibt, den Sinn."[163]

Es ist dies ein gutes Beispiel für eine verfehlte Ich – Du-Beziehung, für eine Beziehung, in der die dem Ich gegenüberstehende Person Er bleibt.

„Seither", fährt Buber fort, „habe ich jenes ‚Religiöse', das nichts als Ausnahmen ist, Herausnahme, Heraustritt, Ekstasis, aufgegeben oder es hat mich aufgegeben. Ich besitze nichts mehr als den Alltag, aus dem ich nie genommen werde. Das Geheimnis tut sich nicht mehr auf, es hat sich entzogen oder es hat hier Wohnung genommen, wo sich alles begibt, wie es sich begibt. Ich kenne keine Fülle mehr als die jeder sterblichen Stunden an Anspruch und Verantwortung."[164]

Hier erfährt man noch einmal, was konkret mit Ich –

Du gemeint ist und welcher Zusammenhang zum Religiösen besteht. Denn es folgt noch der Satz:

„Wenn das Religion ist, so ist sie einfach *alles*, das schlichte gelebte Alles in seiner Möglichkeit der Zwiesprache."[165]

In einer späteren Schrift „Die Frage an den Einzelnen" (1936) betrachtet Buber in stärkerem Maße die Bedeutung des Ich – Du-Verhältnisses in bezug auf Institutionen der Gemeinschaft. Letztlich gilt dabei die Hoffnung der Auflösung von Massen, Rassen und Klassen.

Ein weiterer Schritt ist die Einführung des Begriffs vom „wesenhaften Wir" in der Schrift „Das Problem des Menschen" 1938.

Buber scheint damit eine Kategorie zu entwickeln, die zwischen den Polen des Individualismus und Kollektivismus steht. Sie zeigt, wie ein lebendiger Gemeinschaftszusammenhang zu verwirklichen ist, indem die Gefahren beider Ismen durchschaut und aus der Haltung der Ich – Du-Beziehung überwunden werden.

Er durchschaut damit die Problematik eines Bewußtseins, das sich über die Mißstände und Unmenschlicheit im Kollektivismus entsetzt und daraus den Schluß zieht, man könne sich in den Elfenbeinturm flüchten. Das „wesenhafte Wir" beschreibt demgegenüber das notwendige Engagement im Geist des Ich – Du.

Damit sind wir an einem Punkt, an dem man nicht darum herum kommt, eine etwas heikle Frage aufzuwerfen. Was ist Bubers Glaube? Am deutlichsten hat Walter Kaufmann hier Klarheit geschaffen, indem er feststellt, mit seinen Bibelstudien sei es Buber darum gegangen, eine lebensfähige, humanistische Religion zu schaffen.

Man muß Kaufmann etwas länger das Wort geben, um recht zu begreifen, wie er das meint, aber davor sollte man daran erinnern, daß es Buber zeit seines Lebens um eine kulturelle Renaissance des Judentums ging, wozu auch eine theologische gehört, und man wird zu Kaufmanns Darstellung erklärend vorweg schicken müssen, daß er gewiß frech zugespitzt formuliert, um in einem dunstdurchwehten Raum klare Verhältnisse zu schaffen:

Buber, so Kaufmann, „liebte es nicht, als Theologe oder als Mystiker bezeichnet zu werden. Mystik bedeutete für ihn ein Untergehen des Ich im göttlichen Du, und Theologie eine Reduktion des göttlichen Du zu einem Es. Er wollte eine Religion, in der der einzelne Gott anreden und von Gott angeredet werden konnte, aber eine solche, in der ein Reden über Gott ausgeschlossen war; Buber nahm auch nicht an Gottesdiensten teil[166]. Die einzigen Rabbis – um nicht von christlichen Geistlichen oder Priester zu reden –, die Buber etwas sagen konnten, mußten tote Rabbis sein – die er zu Sprachrohren seiner eigenen Religion umwandeln konnte [...] Solange wir nicht erkennen, daß das zentrale Anliegen Bubers die Schaffung einer humanistischen Religion war, verstehen wir Buber nicht."[167]

Mir scheint hier der Begriff „humanistische Religion" noch etwas undeutlich. Offenbar war – und viele von Bubers Arbeiten beweisen das – für seinen individuellen Glauben der Bezug Gott – Mensch und Mensch – Gott, die Ansprache und das Angesprochensein der entscheidende Moment, den er freilich als eine besondere Errungenschaft des jüdischen Gotteserlebnisses ansah.

In diesem Zusammenhang ist Bubers Aufsatz „Biblischer Humanismus"[168] erhellend. Er versucht darin das Programm eines Erziehungssystems im jüdischen Palästina zu bestimmen. Nachdem er die Notwendigkeit einer „Wiedergeburt der normativen Urkräfte begründet hat", verweist er auf die Bibel, die in diesem Sinn für einen hebräischen Menschen prägend sei. Ein hebräischer Mensch, erklärt Buber, könne nur der sein, der ein *bibelwürdiger Mensch* ist.

Was soll das heißen?

„Unsere Bibel", führt er aus, „besteht aus Weisung, Mahnung und Zwiesprache mit dem Weisenden und Mahnenden. Nur ein Mensch, der tun und hören will, was der Mund des Unbedingten ihm gebieten wird, ist ein bibelwürdiger Mensch. Ein hebräischer Menschen kann nur der sein, der sich von der Stimme, die in der hebräischen Bibel zu ihm redet, anreden läßt und ihr mit seinem Leben Rede steht." Dem biblischen Humanismus sei es um die konkrete Umgestaltung des gesamten, nicht nur des inneren Lebens zu tun. Konkrete Umgestaltung könne nur aus einer Wiedergeburt der normativen Urkräfte erwachsen, aus einer Haltung, die zwischen Recht und Unrecht, Wahr und Falsch scharf unterscheide. Dieser Haltung habe der Mensch sein Leben zu unterwerfen. Normatives lasse sich nicht anders wiedererlangen, als indem wir uns dem biblischen Wort aufschlössen, es in diesem seinem ursprünglichen Sinn ernst nähmen.

In diesem Aufsatz arbeitet Buber auch den seiner Meinung nach entscheidenden Unterschied zwischen dem Sein des Wortes in der griechischen Antike und der hebräischen Bibel heraus.

In der griechischen Antike sei das Wort abgelöst und ausgeformt, der faktischen Gesprochenheit enthoben, geformt als Material der Denkkunst, der Redekunst, der Dichtkunst, damit aber auch seiner Unmittelbarkeit beraubt.

In der hebräischen Bibel aber besitze es zwar nicht die Reinheit der Gestalt, dafür aber die Ursprünglichkeit, die Unmittelbarkeit in der Gesprochenheit.

Bei den Griechen rede in den Ephiphanien der Tragödien Gott *vor* den Menschen, in der hebräischen Bibel aber rede er *zu* ihnen.

Er zeigt, welches Bewußtsein sich in der hellenisierenden Formulierung des Anfangssatzes der Bibel mit „Im Anfang war das Wort" ausdrückt, nämlich Sprache als „Gebild" als Freisetzung der eigentlichen bildnerischen Kräfte des Menschen im Unterschied zu Sprache (in der hebräischen Urzeit) als Geschehen in Gegenseitigkeit, unter den Menschen und zwischen Mensch und Gott.

Hier zeigt sich, wie eng die kommunikative Philosophie von „Ich und Du" mit dem Kerngehalt von Bubers persönlicher Vorstellung von Gott und mit der von ihm betonten Tradition des Judentums in Zusammenhang steht.

Ich enthalte mich des Nachspürens über das Wurzelgeflecht der in „Ich und Du" zusammengefaßten Gedanken, weil dies einen kommentierenden Rundgang durch die europäische Philosophiegeschichte von Kant über Kierkegaard bis zu Georg Simmel notwendig machen würde, einen Rundgang, der den Rahmen dieser Arbeit unbedingt sprengen müßte. Auch auf den österreichischen Volksschullehrer Ferdinand Ebner und seine Schrift „Das Wort und die geistigen Realitäten" – sie erschien zwei Jahre vor „Ich und Du" – kann nur hingewiesen werden.

Ich versuche, statt dessen darüber eine Aussage zu treffen, was die Gedanken dieses Buberschen Hauptwerkes für einen Menschen rund 80 Jahre nach seinem Erscheinen bedeuten könnten.

Es wird in einer Zeit, die den Egoismus des Ich auf vielfältige Weise bestärkt, auf die unabdingbare Bezogenheit des Ich auf ein Du hingewiesen. Es wird Skepsis genährt gegen jene Beziehungen, die sich im Bereich von Ich – Es abspielen, Skepsis auch gegenüber jenen wachsenden Wissensinhalten, die sich ausschließlich durch genauere Information und kausales Denken ohne metaphysisch-ethische Rückkopplung ergeben haben. Es wird ein Gradmesser für das Verhältnis zum Mitmenschen, Aufforderung zur Intensität, zur intensiven Wahrnehmung der Gegenwart gegeben. Es wird eine Bestärkung ausgesprochen für die Wertzumessung und das Bedürfnis nach dialogischen Beziehungen, in denen sich anderes vollzieht als Geschwätz, Ablenkung, Zerstreuung, Manipulation und kalte Ausbeutung des anderen; wir werden daran erinnert, daß nur in der Beziehung von Ich und Du der Menschen seinem Dasein lebendig gerecht wird und es nur derart möglich wird, auch für den ungläubigen Menschen eine transzendente Erfahrung zu erlangen, weil in der Beziehung des Ich zum Du wenigstens ein Abglanz der Beziehung des Ich zum Ewigen Du sichtbar wird.

Ein Aspekt, den Martin Buber in seiner Schrift „Antwort" noch einmal klärend hervorhebt, ist das im Ich – Du-Verhältnis eingeschlossene Vertrauen zwischen zwei Menschen. Sich selbst interpretierend bzw. seine Vorstellung verdeutlichend heißt es dort:

„Wenn ich zu einem Menschen ‚Vertrauen habe', so meine ich damit im wesentlichen [...] daß dieser Mensch – was immer er tut – für mich derjenige bleiben wird, in den ich mein Vertrauen gesetzt habe, den ich ‚angenommen' habe. Das ist freilich ein Paradox, aber alles große Vertrauen ist es, Vertrauen meint weder das gegenwärtige noch das zukünftige Du, wie Friedman annimmt, sondern eben die Person."[169]

Vierter Exkurs

Die Verdeutschung der Schrift

„Der spezifisch heutige Mensch [...] stellt sich dem biblischen Wort nicht mehr, wie die früheren Geschlechter, um auf es zu hören; er konfrontiert sein Leben nicht mehr mit dem Wort; er bringt das Wort in einer der vielen unheiligen Laden unter und schafft sich Ruhe davor. So lähmt er die Gewalt, die unter allem bestehenden am ehesten ihn zu retten vermöchte."

Martin Buber: Zu einer neuen
Verdeutschung der Schrift (1954)

Es ist ein im Zusammenhang mit der Rezeption der Schrift von Martin Buber und Franz Rosenzweig weitverbreiteter Irrtum, anzunehmen mit ihr sollten dem Menschen der Gegenwart die unter der Bezeichnung „Altes Testament" bekannten Büchern vor allem in einer neuen Fassung dargeboten werden, die sich im Vergleich mit früheren Übersetzungen durch „größere" sprachlich-ästhetische Schönheit auszeichnet.

Damit wird eine Perspektive unterstellt, die am Wesentlichen vorbeiblickt.

Doch soll nun wiederum auch nicht gesagt werden, der „Schrift", wie die beiden Übersetzer das Alte Testament bezeichnen, ermangele es an sprachlicher Schönheit. Man blättere zurück und lese Bubers Version des ersten Psalms am Anfang des ersten Kapitels, dessen Text dort auf seine Persönlichkeit bezogen worden ist. Abgesehen davon ist dieses Zitat aus der Buber-Bibel freilich auch ein eindrucksvolles sprachliches Dokument.

Freilich: Der grundsätzlichen Frage, worin „sprachliche Schönheit" überhaupt bestehe, ob im Wohllaut der Sätze, in der Klarheit des Dargestellten, in der Fähigkeit, das Gemeinte unmißverständlich auszudrücken, kann hier nicht weiter nachgegangen werden.

Soviel aber sollte zur Charakterisierung der „Stimmlage" der „Schrift-Verdeutschung" doch gesagt werden, nämlich daß sie – wie Albrecht Goes es treffend genannt hat – „Wege zurück zu den Wurzeln und hinaus in das Wagnis einer sakralen Sprache"[170] beschritten hat.

All dies im Sinn, scheint es angebracht, klar und deutlich jene Motive zu nennen, aus denen heraus Martin Buber und Franz Rosenzweig – und wohl auch ihrem Verleger Lambert Schneider – zunächst eine „deutsche Schrift" als notwendig erschien.

Da war einmal die Vernachlässigung des Alten Testaments durch die beiden großen christlichen Kirchen – verglichen mit der Bedeutung der „Schrift" für das Judentum. Da war zum anderen die den deutschen Sprachraum dominierende Bibelübersetzung Martin Luthers, in die freilich gewisse Vorurteile gegen das Alte Testament mit eingeflossen sind. Da war schließlich jene große Gruppe assimilierter deutscher Juden, die nicht mehr ohne weiteres in der Lage waren, die Bibel im hebräischen Original zu lesen. Für sie, jedenfalls vor allem für sie, sollte die auf sich genommene Übersetzungsarbeit geleistet werden. Das Ziel war also eine deutschsprachige Bibel nicht aus christlichem, sondern aus jüdischem Bewußtsein.

Bei der Betrachtung der Bibelübersetzung von Buber und Rosenzweig dürfte eine Vorklärung bestimmter Begriffe hilfreich sein. Buber sagte: „Der Text, der hier verdeutscht wurde, ist der masoretische."[171] Masoreten (heb. Überlieferer) waren jüdische Textkritiker, die von etwa 750 bis 1000 n. Chr. den hebräischen Text des Alten Testaments in Orthographie, Aussprache und Vortragsweise festlegten. Das geschah mit Hilfe der „masora", eines umfassenden Systems von Vokalzeichen, Akzenten, Statistiken und Randbemerkungen. Um ihrem Text ausschließliche Geltung zu verschaffen, beseitigten die Masoreten – soweit es ihnen möglich war – alle älteren Handschriften.

Die Bezeichnung Altes Testament bezieht sich auf den alten Bund und setzt den auf Jesus Christus ausgerichteten neuen Bund voraus. Eine Vorstellung, die vom Judentum nicht geteilt wird. Die korrekte Bezeichnung für das Alte Testament im Judentum wäre tora/n'biim/k' d.h. Gesetz/Propheten/Schriften.

Als nächstes ist zu fragen, warum Buber eine neue Übersetzung der jüdischen Bibel über die oben genannten Zielvorstellungen hinaus für nötig ansah. Man kann davon ausgehen, daß sich ein solcher „Sinnhorizont" auch bei ihm selbst erst während der Arbeit am Text öffnete.

Seine Erfahrungen gibt er in dem Essay: „Der Mensch von heute und die jüdische Bibel" wieder.

Die Biblia ist für ihn ein Buch aus Büchern, dessen Grundthema in der „Begegnung einer Menschenschar mit dem Namenlosen" besteht, „den sie, seine Anrede erfahrend und ihn anredend, zu benennen wagte."[172] Er spricht dann von der Entzweiung von Welt und Geist und daß es Menschen gäbe, die davon ausgingen, daß allein die Religion diesen Bruch in der Lage sei zu heilen. Diese Vorstellung verwirft er, da, wie er schreibt, Religion heute selbst eine Sache des abgelösten Geistes sei. Ein Dokument „lebensverbundenen Geistes" aber sei die jüdische Bibel und nur so, nicht aber unter religionsgeschichtlichem, kulturgeschichtlichem oder ästhetischem Interesse, dürfe sie wahrgenommen werden. Man habe sie so wahrzunehmen, „als hätte er [der Rezipient, der Lesende oder Hörende] sie nicht in der Schule und seither im Schein ‚religiöser' und ‚wissenschaftlicher' Sicherheiten vorgesetzt bekommen; als hätte er nicht zeitlebens allerhand auf sie sich berufende Scheinbegriffe und Scheinsätze erfahren."[173]

Die Bibel ist für ihn „eine Urkunde der wahren Geschichte der Welt [...] in der die Welt einen Ursprung und ein Ziel" habe, „Geschichte einer Welt, die zwischen Schöpfung und Erlösung schwingt".[174]

Hier werden die unterschiedlichen Betrachtungsweisen von Judentum und Christentum insofern deutlich sichtbar, als letzteres schon in seiner früheren Theologie die wesentliche Offenbarung und die wesentliche Erlösung in Christus verschmelzen lasse.

(Erklärend eingefügt werden muss hier, um diese Tendenz zu kennzeichnen, daß schon Marcion, Gründer einer christlichen-gnostischen Sekte in Rom, die sich 144 n. Chr. von der Kirche trennte, zwischen dem Guten Gott des Evangeliums und dem alttestamentarischen Schöpfer unterschied und das Alte Testament verwarf.)

Die Folge der christlichen Betrachtungsweise ist, nach Buber, daß das mit dem Wesen unseres Geistes verbündete Wesen (nämlich Gott) der Zeit preisgegeben werde.

Nachdem er darauf hingewiesen hat, daß das Eingeschlossensein von Weltanfang und Weltende für das Judentum entscheidend ist, stellt Buber die Frage, ob und wie die Kluft zwischen dem heutigen Menschen und der Schrift zu überbrücken sei.

Er räumt ein, ja unterstreicht sogar, daß es da eine massive Fremdheit gibt, behauptet aber, daß dennoch die Möglichkeit eines Zugangs gegeben sei.

Vorgeführt wird dies mit der Untersuchung jener Stelle, da Gott im Feuer auf den wie ein Schmelzofen rauchenden Berg unter Donner- und Posaunenschall niederfährt und zum Volk redet.

Man könne das als Metapher oder Allegorie auffassen, genau dann aber begebe man sich auf die Ebene einer kulturgeschichtlichen oder ästhetischen Betrachtungsweise. Man könne es als einen übernatürlichen Vorgang betrachten, der das natürliche Geschehen durch Einbruch des Unfaßbaren zerreißt; dazu sei ein Glaubensakt zu vollziehen, welcher den Glauben an die Besonderheit des Heiligen ausdrücke und die oben erwähnte Trennung von Leben und Geist nur wiederhole, die lebenumschließende Ganzheit der Bibel aber gerade nicht erreiche.

Als dritte Möglichkeit – und es ist diese Lesart, die Buber für die richtige hält – sieht er das Dargestellte als „die Wortspur eines natürlichen, d. h. eines in der den

Menschen gemeinsamen Sinnenwelt geschehenen und in ihren Zusammenhängen eingefügten Ereignisses, das die Schar, die es erfuhr, als Gottes Offenbarung an sie erfuhr und so in einem begeisterten, willkürfrei gestaltenden Gedächtnis der Geschlechter bewahrte"; dieses Ereignis „aber ist nicht eine Selbsttäuschung der Schar, sondern ihre Schau, ihre Erkenntnis und ihre vernehmende Vernunft, denn die natürlichen Ereignisse sind die Träger der Offenbarung [...] Nur wenn es sich so verhält, kann auch der heutige Mensch, wohl Umkehr übend, aber keine Wirklichkeit verleugnend, den Zugang zur biblischen Offenbarung finden. Und ich jedenfalls glaube, daß es sich so verhält."[175]

Mit diesen Ausführungen erweist sich die Übersetzungsarbeit an der Schrift auch als eine Umsetzung des Buberschen Glaubens oder als Verständnishinführung und Verständnishilfe für den modernen Menschen gegenüber einer hebräischen Glaubensoffenbarung.

Die ersten Pläne zu einer Übertragung der hebräischen Bibel sind nach Bubers eigenen Angaben von ihm und einigen Freunden schon 1914 gefaßt worden. Durch Ausbruch des Ersten Weltkriegs werden sie nicht verwirklicht.

Buber und Rosenzweig sind sich 1914 schon einmal begegnet. 1919 kommen sie einander näher durch die Diskussion über Rosenzweigs Hauptwerk „Der Stern der Erlösung". In das Jahr 1921 fällt das zweite, im vorangehenden Kapitel beschriebene Treffen.

Anfang Mai 1925 gelangt an Martin Buber der Vorschlag eines jungen christlichen Verlegers, Lambert Schneider, das Alte Testament neu zu übersetzen. Schneider ist es um eine neue Übersetzung durch einen Juden zu tun, der mit dem Originaltext vertraut ist und zugleich über hohe Sprachkompetenz verfügt. Unschwer vorzustellen, daß ihm da Martin Buber einfällt. Bei einem Besuch in Bubers Haus in Heppenheim macht Schneider dann die folgende Erfahrung:

„Dann nahm er (Buber) eine Luther-Bibel von dem Regal, schlug eine Stelle auf, las sie mir vor und übersetzte die gleiche Stelle frei aus dem hebräischen Text, um mir zu zeigen, daß mein Anliegen seine Berechtigung hatte. Aber zugleich machte er mir klar, welch unsagbare Arbeit, welche Verantwortung in einem solchen Unterfangen steckte – das alles ohne große Worte –, und ließ mich wissen, daß er nicht glaube, einen solchen Auftrag annehmen zu können, der ihn für Jahre in Anspruch nehmen würde. Alles das war so schlicht und einfach dargestellt, daß ich gar nicht den Versuch machte, weiter in ihn zu dringen, und ich stand auf, um mich zu verabschieden. Draußen spielte die Sonne in dem ersten Grün der Bäume. Es war still auf der Straße und im Haus, als Buber am Schreibtisch stehend noch einmal zu sprechen anfing. Er wollte mir doch nicht endgültig absagen, sondern sich noch mit seinem Freund Franz Rosenzweig beraten, denn eine solche Anforderung eines jungen, ganz und gar christlichen Menschen sei ihm ein Zeichen, dem er sich nicht ohne weiteres entziehen dürfe ..."[176]

Als Buber Franz Rosenzweig dann für die Mammutarbeit an einer Bibelübersetzung gewinnen will, handelt er sich zunächst eine Absage ein. Rosenzweig findet, was sich bewerkstelligen lasse, sei lediglich eine „jüdisch revidierte Luther-Übersetzung".[177] Es dauert fünf Monate, bis zum 29. Juni 1925, in denen man gewiß die Problematik des Unternehmens diskutiert haben wird, bis sich Rosenzweig dann doch zu einer Mitarbeit entschließt. Als Zielvorstellung wird festgehalten: „Gesucht wird das Ursprüngliche, das Elementare des Urtextes, wie dies bisher noch keiner versucht hatte."[178]

Sicherlich sind dabei bei allem Verständnis für die Leistung Luthers auch Einwände gegen dessen Übertragung laut geworden, die eine Eindeutschung in die Sprache des deutschen Gemüts darstellt, womit eine Preisgabe an Originalität und Bedeutung im Sinn des Judentums zugunsten der Verständlichkeit vonstatten gegangen sei.

Buber schlägt, Rosenzweigs Anregung aufgreifend, vor, man könne doch einmal einen Versuch machen und versuchen, die Lutherübersetzung kritisch zu bearbeiten. Als „Probetext" wird das Genesis-Kapitel gewählt.

Ein Vergleich von auch nur einer Passage macht den fundamentalen Unterschied zwischen dem Luthertext und der Neufassung deutlich.

Bei Luther:

„Und es war finster auf der Tiefe;
und der Geist Gottes schwebte über den Wassern".

Bei Rosenzweig wird daraus als Vorschlag, der später noch Änderungen erfährt:

„Finsternis allüber Ab-Grund:
(Der) Braus Gottes brütend allüber den Wassern."

Größere Schönheit? Wo sie liegt, ließe sich schwer begründen.

Vereinfachende Klarheit, was Luther betrifft? Ja.

Aber in der Neuübersetzung ist dann plötzlich aus deutscher Sprache eine neue, eine hebräische Weltsicht da.

Rosenzweigs Einsicht in bezug auf den Luthertext lautet: „Nichts ließ sich erhalten, Satz um Satz wandelte sich von Grund aus." Und im gleichen Zusammenhang: „Die Patina ist weg, dafür ist es blank wie neu, und das ist auch was wert"[179]. Nun ist er bereit, sich endgültig an einer völligen Neufassung zu beteiligen.

Die Zusammenarbeit der beiden Männer spielt sich gewöhnlich so ab, daß Buber Seiten seiner Textübersetzung an Rosenzweig schickt und Rosenzweig mit Kommentaren, Kritik und Änderungsvorschlägen reagiert. Sofern es Stellen gibt, bei denen große Divergenzen bestehen, versuchen sie diese jeden Mittwoch bei Bubers Besuchen in Frankfurt zu klären.

Den Ansatz zu diesem Prinzip hat Buber in einem Satz Goethes gefunden, der erklärt, das Wort in der Ursprungstiefe menschlicher Geschlechter sei damals wirksam gewesen, weil es ein gesprochenes Wort gewesen sei. „In der jüdischen Tradition ist die Schrift bestimmt, vorgetragen zu werden; das sogenannte Akzentsystem, das Wort um Wort des Textes begleitet, dient dem rechtmäßigen Zurückgehen auf seine Gesprochenheit; schon die hebräische Bezeichnung für ‚lesen' bedeutet: ausrufen, der traditionelle Name der Bibel ist: ‚die Lesung', eigentlich also: die Ausrufung; und Gott sagt zu Josua nicht, das Wort der Tora solle ihm nicht aus den Augen, sondern, es solle ihm nicht ‚aus dem Munde' weichen, er solle (das bedeutet das Folgende eigentlich) darin ‚murmeln', d. h. die Intonation mit leisen Lippen nachbilden."[180]

Das heißt also, die Übersetzung der „Schrift" Bubers und Rosenzweigs steht unter dem Vorzeichen, daß der überlieferte Text ursprünglich gesprochenes Wort war.

Später hat Buber seine Vorstellungen von der Bedeutung des gesprochenen Wortes noch präzisiert:

„Ich meine, die Wichtigkeit des gesprochenen Wortes gründet in der Tatsache, daß es nicht bei seinem Sprecher bleiben will. Es greift nach einem Hörer aus, es ergreift ihn, ja es macht diesen selber zu einem, wenn auch vielleicht nur lautlosen Sprecher."[181]

Wichtig ist den Übersetzern weiterhin das Bezogensein zweier oder mehrerer Textstellen aufeinander, sei es im gleichen Abschnitt, in verschiedenen Abschnitten, sei es auch in vorangegangenen Büchern. Dies wird erreicht durch Wiederholung von Wörtern, Wortstämmen und Wortgefügen, und zwar auf eine Art, daß die Stellen im Verständnis des Hörers einander erläutern, daß die neugehörte die altbekannte verdeutlicht, aber auch diese die neue zugänglicher erfassen hilft. Es geht also um ein Strukturprinzip, dessen prägnante Erscheinung Buber als ‚Leitwort' bezeichnet.

„Unter Leitwort ist ein Wort oder ein Wortstamm zu verstehen, der sich innerhalb eines Textes, einer Textfolge, eines Textzusammenhangs sinnreich wiederholt: wer diesen Wiederholungen folgt, dem erschließt oder verdeutlich sich ein Sinn des Textes oder wird auch nur eindringlicher offenbar."[182]

In dem Aufsatz „Der Mensch von heute und die jüdische Bibel" (1936) hat Martin Buber unter dem Gesichtspunkt der Frage, worin die „Führungskraft" der Schrift für den heutigen Menschen beruhe, eine Anweisung gegeben, wie die Bibel zu lesen sei:

„Wo Lautgefüge, Wörter, Wortfolgen in verschiedenen Teilen eines Abschnitts, verschiedenen Abschnitten, verschiedenen Büchern eigentümlich, in erschließbarem Zusammenhangscharakter, einander sinnhaft fördernd, klärend, ergänzend wiederkehren, da ist dieser Wiederkehr abzuhören, was sie lehrt. Die biblische Lehre trägt oft ihr Höchstes nicht vor, sondern läßt es sich auftun ..."[183]

Diese Einsichten nennt Buber seinen Beitrag. Den Rosenzweigs sieht er in dem Versuch, wichtige wurzelgleiche Wort durch wurzelgleiche wiederzugeben. Buber erläutert dies an den Worten „zadak" und „schafat", die in den überkommenen Übersetzungen mit Recht und Gerechtigkeit übersetzt wurden. Dies dürfe aber nur im Fall von „schafat" geschehen, was bedeute, jemandem komme etwas zu, werde ihm aus dem Mund eines Richters zugeteilt.

„Zadak" hingegen stehe mit zedaka „Bewährung", zaddik „der Bewährte", hazdek „bewahrheiten", also mit dem Wortstamm „wahr" in Bezug, und dies müsse sich auch in der Übersetzung abbilden.

Ein wichtiges Moment, das Buber bei der genauen Untersuchung und Reflexion des Textes auffällt, ist dessen rhythmisches Gestaltungsprinzip. Ihm erscheint Rhythmus als „die in einer sinnreichen Ordnung erscheinende Verbindung eines Gleichbleibenden mit einer Mannigfaltigkeit".[184]

Gerhard Wehr hat darauf hingewiesen, daß die Prinzipien von Wort, Laut, Sinn und Rhythmik Einsichten sind, zu denen nicht nur Buber gelangt ist. Auch Karl Eugen Neumann (1865–1915) hat sich letztlich bei seiner Übersetzung der „Reden Gotama Buddhas" von ähnlichen Überlegungen leiten lassen.

Daß der Übersetzer angesichts dieser Situation in der Sprache, in die er übersetzt, neue Worte bilden muß, leuchtet ein. Ein treffendes Beispiel gibt Gerhard Wehr:

„Da ist das hebräische Wort ‚qorban', das gemeinhin mit ‚Opfer' wiedergegeben wird. Im Deutschen verbindet sich damit der Gedanke des Verzichts und der Entäußerung. Der ursprüngliche Akzent von ‚qorban' aber liegt in der Tatsache, daß ein Beziehungsbegriff gemeint ist, der das Gegenübersein zweier Personen voraussetzt. Die eine Person ist von der anderen durch eine Distanz getrennt. Durch Beziehung – wir meinen den Dialogiker zu hören – läßt sich diese Distanz überbrücken. Die eine Person vermag sich der anderen zu nähern. Folglich verdeutscht Buber ‚qorban' nicht mit ‚Opfer', wie es Luther tut, sondern mit ‚Nahung, Darnahung'. Aufsteigende Opfer übersetzt Luther mit ‚Brandopfer', Buber hingegen mit ‚Darhöhung'."[185]

Eine weitere Einsicht, die Verdeutschung der „Schrift" zu verwirklichen trachtet, ist die „Gesamtgestaltung des Biblischen" aufzudecken.

Daß Übersetzung zugleich auch immer Interpretation bedeutet und welch komplizierte linguistische Probleme sich dabei stellen, wird deutlich, wenn Buber, unter Einschluß der Überlegungen Rosenzweigs, zu erklären versucht, welche Schwierigkeiten sich allein bei der Übersetzung der Gottesbezeichnung ergeben.

Auch hier wieder eine Vorbemerkung:

Jahwe, der Eigenname des Gottes Israels, kommt in den Schriften, die die Christen als das Alte Testament bezeichnen, ungleich häufiger vor als die hebräischen Wörter für Gott und Herr. Der Name, den ein „J" bezeichnete, ist nicht überliefert, sondern nur durch Kombination erschlossen. Denn der hebräische Text der Thora bestand ursprünglich nur aus Konsonanten, so daß der Gottesname als Jhwh erschien. Seit etwa 300 v. Chr wurde er aus Scheu, den Gottesnamen auszusprechen, *adonaj*, d. h. Herr, genannt. Als dann Vokale hinzugefügt wurden, stellte man den Gottesnamen als eine Mischform von Jhwh und *adonaj* dar; so ergab sich für Nichthebräer die noch heute vielfach verwendete Form *jehowah*.

Und nun zu der Erklärung Bubers über die Wiedergabe des Gottesnamens in der „Schrift":

Zunächst stellt er fest, die Vokalisierung von JHWH sei unsicher, die des masoretischen Textes die konventionelle, die das verbotene Aussprechen gewiß nicht habe erleichtern sollen.

„Es ist anzunehmen, daß er ursprünglich in der Urform Jah reiner Ausruf war, Urlaut, später um einen Laut zu Jahu erweitert, ein – ebenso wie der gleichlautende Derwischruf – aus einem Pronomen und einer Interjektion zusammengesetzter Ausruf war; beide haben sich als Bestandteil von Eigennamen, die erste Form auch selbständig erhalten.

Im Dornbusch-Gespräch (II M. 3, 14) wird der Name, unter Hinzufügung eines weiteren Buchstabens, verbalisiert. Gott antwortete auf Moses Frage nach seinem Namen, vielmehr nach dessen Sinn, indem er das Verb aus der dritten in die erste Person transponierend, *'ehjeh* (*hawah* ist die ältere, *hajah* die jüngere Gestalt des Verbs), ‚Ich werde dasein' sagt, und hinzufügt: *'asher 'ehjeh*, ‚als der ich dasein werde'; daß das *'Ehjeh* als der erschlossene Name zu verstehen ist, geht aus dem unmittelbar folgenden Satz hervor: ‚So sollst du zu den Söhnen Israels sprechen: *'Ehjeh* schickt mich zu euch.' Man pflegt jenes *'ehjeh 'ascher 'ehjeh* von je zu übersetzen: ‚Ich bin der ich bin' und versteht darunter (wenn man Gott nicht geradezu seine Ablehnung aller Antwort durch diese unter Menschen nicht unübliche, aber eher triviale Redensart ausdrücken lassen will) eine Aussage Gottes über seine Ewigkeit oder gar über sein Aus-sich-Selbstsein, was sich schon dadurch verbietet, daß ein Gebrauch des Verbs im Sinn seiner Existenz der Bibel sonst fremd ist: es bedeutet (abgesehen von der Verwendung als Kopula oder im Sinn von ‚es gibt' u. dgl.) werden, geschehen, gegenwärtig werden, gegenwärtig sein, *da* sein. Um die Bedeutung dieser zentralen Stelle gegen jeden Mißverstand zu schützen, hat der letzte Erzähler oder der Redaktor das biblische Mittel der Wiederholung, auf das ich oben hingewiesen habe, in großartiger Weise verwendend, im gleichen Abschnitt fast unmittelbar vor unserer Stelle (V.12) Gott zu Mose mit demselben *'ehjeh* sprechen lassen: ‚Ich werde dasein bei dir' und hat bald danach zweimal (4, 12, 15) das *'ehjeh* im gleichen unzweideutigen Sinn wiederkehren lassen."[186]

Man ahnt an solchen – besonders für einen Leser, der des Hebräischen nicht kundig ist – gewiß nicht einfach nachzuvollziehenden Reflexionen, welche weitreichenden Überlegungen bei der Übersetzung vollzogen werden mußten. Weswegen sie hier auch in dieser Ausführlichkeit wiedergegeben werden. Es stellt sich dabei auch heraus, daß die Übersetzungsarbeit auch eine Interpretation ist.

Um das eingangs schon Erwähnte noch einmal zu unterstreichen: Nicht sprachliche Schönheit wird angestrebt, sondern Genauigkeit in der Darstellung eines heiligen Geschehens. Im Dezember 1929 stirbt Franz Rosenzweig. Der Lebens- und Arbeitswillen, den er seit 1924 aufgebracht hat, ist bewunderungswürdig.

„Als das mündliche Diktieren durch die völlige Lähmung seiner Sprechorgane unmöglich wurde, ermöglichte eine speziell konstruierte Schreibmaschine es ihm, Buchstabe für Buchstabe Worte zu zeigen, obwohl, wie Nahum Glatzer erzählt, bald nur noch seine Frau Edith in der Lage war, zu erraten, welche Buchstaben er meinte."[187]

Zu diesem Zeitpunkt ist man beim 53. Kapitel Jesaja angelangt. Es erscheinen zunächst noch sechs Bände, drei davon bei Lambert Schneider, drei bei Schocken, einem Verlag, der nach der Reichspogromnacht aufgelöst worden ist.

Nicht unerwähnt bleiben soll, daß die Übersetzungsarbeit Ausdauer und große Intensität verlangte, das Bewußtsein ständig beschäftigte und den Alltag des Übersetzers durchdrang.

Bubers Enkeltochter berichtet, es habe im Schlafzimmer zwei große Tische mit allen Büchern und Materialien gegeben und einen angrenzenden Raum, gefüllt mit allen Werken, die bei der Übersetzungsarbeit zu konsultieren waren. Tag für Tag arbeitet Buber eine Stunde nach dem Aufstehen an der Bibelübersetzung und begibt sich erst dann in sein Studierzimmer, um sich mit anderen Arbeiten zu beschäftigen.

Die Übersetzung begleitet ihn in die Ferien. Judith, seine Enkeltochter, erzählt:

„Jeden Sommer wanderten wir, entweder in den Schweizer Alpen oder in den Dolomiten in Österreich oder Italien. Hier war Buber ganz bei der Sache. Er studierte die Karten, entschied, wo wir Rast machen sollten, und gab stets die Richtung an. Aber wenn wir uns dann ausruhten, konnte er nicht ruhig dasitzen und die Aussicht bewundern oder sich an dem Proviant freuen, den wir mit uns führten. Er zog dann die Fahnen der Bibelübersetzung aus der einen Tasche und aus der anderen ein Hebräisch-Deutsches Wörterbuch. Dann konnte er inmitten der Pracht der Dolomitenlandschaft mit meiner Großmutter eine lange Diskussion beginnen, welches Wort als Übersetzung für einen bestimmten Vers angemessen sei."[188]

Bezeichnenderweise fällt Bubers Auseinandersetzung mit dem Buch Iob in seine letzten Jahre in Deutschland vor der Emigration.

Ernst Simon sieht in der „Schrift" drei Eigenschaften verwirklicht: das gesprochene Element, das sinnliche Element und die größtmögliche Erhaltung der hebräischen Sprachform in einer fremden Sprache. Er findet mit Buber, hier sei der Text von der „Plage der Bekanntheit" erlöst.

Entscheidendes zur Charakteristik der Übersetzung hat auch James Muilenburg ausgeführt, der schreibt:

„Buber hat einen tiefen Sinn für die biblische Redeweise; er erfaßt die Betonungen, die Hervorhebungen und Ausgipfelungen der Worte, ihre Nuancen, die Art, in der sie zueinander stehen, und die Art ihrer Anordnung, ihre Wiederkehr in neuen Zusammenhängen, in denen sie erinnert, angeeignet, umgeformt und aktualisiert werden, aber trotzdem in Beziehung zu dem Zusammenhang bleiben, in dem sie zuerst erschienen, und sich sodann der Gleichzeitigkeit der neuen Situation aufzwingen, wo sie vergegenwärtigt werden und neue Tiefe und neues Maß erfahren."[189]

Auch an Kritik hat es nicht gemangelt.

Freilich liest sich „Die Schrift" für jemanden, der mit dem Luthertext vertraut geworden ist, seltsam verfremdet, was freilich auch zum Nachdenken anregen kann.

Ganz allgemein ist zu bedenken: Wenn Buber die Bedeutung des gesprochenen Wortes so nachdrücklich betont, so kann eine gedruckte Fassung immer nur eine Annäherung an die ursprüngliche bieten. Freilich ist dem heute, da es Tonträger gibt, abzuhelfen. So wäre denn jedem, der versucht sich auf „Die Schrift" genauer einzulassen, zu empfehlen, sich zunächst die CD mit dem Titel „Martin Buber liest aus der Heiligen Schrift Israels"[190] anzuhören.

Feinfühlig und behutsam ist die Kritik von Gershom Scholem, der nun, obwohl er zunächst die beiden Übersetzer mit Hinweisen unterstützt hatte, doch gewisse Einwände erhebt.

Hier noch einige Angaben zu Scholem, der auf dem weiteren Lebensweg Martin Bubers noch eine nicht unwichtige Rolle spielen wird:

Gerhard, später Gershom Scholem wird 1897 geboren. Er ist seit seiner Jugend leidenschaftlich an der Erforschung des Judentums und seiner Geschichte, dem Erlernen der hebräischen Sprache und der kanonischen Texte der jüdischen Religion interessiert. Sein älterer Bruder Werner ist aktiver Linkssozialist und gehört dem Kreis um Karl Liebknecht und Rosa Luxemburg an. Als er wegen Landesverrats verhaftet wird, ergreift Gerhard für ihn Partei und wird vom Vater deswegen aus dem Haus gewiesen. Werner Scholem wird nach dem Ersten Weltkrieg Reichstagsabgeordneter der KPD. 1933 wird er verhaftet, nach Dachau und später nach Buchenwald verschleppt und dort 1940 ermordet.

1915, ein Jahr vor dem Abitur, wird Gerhard/Gershom Scholem wegen seiner antimilitaristischen und pazifistischen Gesinnung von der Schule verwiesen. Er studiert Mathematik, Philosophie und Semitistik und ist während des Studiums zwischen Mai 1918 und August 1919 in Bern mit Walter Benjamin zusammen, dem er sein Leben lang verbunden bleiben und dessen Nachlaß er schließlich zusammen mit Theodor Adorno verwalten wird.

Im Frühjahr 1916 hatte sich Scholem an Buber gewandt und ihm einen Aufsatz über die jüdische Jugendbewegung angeboten. Dies scheint ihr erster Kontakt gewesen zu sein.

1923 geht Scholem nach Palästina und wird dort 1933 Professor für die Geschichte der jüdischen Mystik an der Hebräischen Universität. Es ist Scholem, der 1933 an der Universität in Jerusalem den Antrag stellt, Buber durch Berufung auf einen Lehrstuhl den Weggang aus Deutschland zu ermöglichen. Scholem wird schließlich zu *dem* Fachmann für Wesen und Geschichte der Kabbala. „Was ihn an der Kabbala von Anfang an fasziniert habe", so berichtet er 1937 in einem autobiographischen Text, „sei nicht nur die Welt des Irrationalen gewesen, sondern die intuitive Entdeckung einer anderen Art von Rationalität".[191]

Schon 1930 anläßlich der Lektüre des Buber-Aufsatzes „Franz Rosenstock zum Gedenken" hat Scholem einiges an dem Text der „Schrift" zu kritisieren:

„Ich würde lügen, wenn ich nicht sagen würde, daß mir die vertrautesten Kapitel meiner Bibellektüre (und das sind einige in Jesaja außer Hiob und Jona und den Psalmen, über die ja noch nichts zu sagen ist) diesmal mit fremdem Gesicht gegenübergestanden haben [...] und eben des für mich so aufregenden Pathos wegen: ich vermag noch nicht abzusehen, worin nun bei Ihnen die Sprache der Propheten sich von innen her von der des Früheren abhebt, um mich gröber auszudrücken, wo nun noch die Propheten schreien. Es ist vielleicht (ich sage das nur frageweise, als Vermutung) so, daß diesmal die Übersetzung an manchen Stellen (es kam mir öfter so vor) *zu lang* ist."[192]

Um die rechte Tonhöhe zu treffen, schlägt Scholem Buber vor, den Text vor der Übersetzung auswendig zu lernen, und teilt mit, aus eben diesem Grund habe er selbst vor 10 Jahren das gesamte Buch Hiob auswendig gelernt. Den Vorteil, der sich daraus für den Übersetzer ergebe, begründet er damit, „daß die Gegenwärtigkeit eines Textes, den man so weiß, von ganz anderer unvergleichlicher Art ist als die eines selbst noch so intensiv gelesenen."[193]

Es dauert schließlich bis Anfang 1961, ehe die gesamte Schriftübertragung vorliegt, und wie bei der ersten Anfrage von Lambert Schneider erinnert sich Buber aus diesem Anlaß an einen Ausspruch seiner geliebten Großmutter Adele: „Man weiß nie vorher, wie ein Engel aussieht."

Gershom Scholem jedoch hat letzte Vorbehalte gegen die Verdeutschung der „Schrift" offenbar nie ganz aufgegeben. Noch bei einer Laudatio an Martin Bubers 83. Geburtstag 1961 wird er erklären, die Hauptabsicht des Bibelunternehmens sei wohl doch die Aufforderung an den deutschen Leser: „Gehe hin und lerne Hebräisch!"[194]

8
Unter dem Nationalsozialismus

„Wer aber die Frage stellt, den Ernst einer Seele auf den Lippen, und meint: ‚Was habe ich zu tun?' – den nehmen die Gefährten bei der Hand, die er nicht kannte und die ihm alsbald vertraut werden, und antworten (er lauscht, was Wundersames da kommen mag, und ist erstaunt, als nichts anderes folgt denn dies): ‚Du sollst dich nicht vorenthalten.'"

Martin Buber: Was ist zu tun? (1919)

Wenn man sich fragt, warum man wenig über Martin Bubers Reaktionen auf das Heraufziehen des Nationalsozialismus hört, so gibt darauf vielleicht wenigsten teilweise die Feststellung von Nora Levin eine Antwort: „Von allen Juden Europas waren die völlig überraschten und verwirrten Juden Deutschlands die, die am wenigstens auf das Schicksal vorbereitet waren, das sie verschlingen sollte."[195]

Bedenkt man, daß in den letzten Jahren der Weimarer Republik Buber in eine Vielzahl von Tätigkeiten im nationalen und internationalen Bereich verwickelt war, so erlangt man Verständnis dafür, daß wohl auch er wie so viele Intellektuelle in Deutschland die „Machtergreifung" als einen Spuk ansah, von dem er hoffte, daß er rasch vorübergehen werde.

Man muß zudem folgendes bedenken: Antisemitismus als Ideologie, die sich auch in aggressiven Taten bis hin zu Pogromen äußerte, hatte es in Osteuropa, auch in Frankreich und in Österreich-Ungarn zuvor schon hin und wieder gegeben. In Deutschland hatten Pogrome bis dahin keine Tradition.

Was Buber angeht, so steht er immerhin seit 1927 in Verhandlungen über eine Professur in Israel, muß also zumindest seit diesem Zeitpunkt erwogen haben, Deutschland zu verlassen.

Erstaunlich mag schließlich sein, wie lange Buber unter dem Nationalsozialismus in Deutschland ausharrt und daß bei allen Behelligungen und Bedrohungen die Nazis gegen ihn nicht härter vorgingen, obwohl sie ihn „Erzjude" titulierten.

Auch hier gibt es Erklärungsmöglichkeiten: Zum einen ist Buber klug genug, dort zurückzuweichen, wo wahrscheinlich anderenfalls rabiatere Reaktionen gegen ihn die Folge gewesen wären. Zum anderen legt er dort, wo es im lokalem Bereich zu Zusammenstößen mit Organen der Nazis kommt, Mut oder genauer das an den Tag, was man „Chuzpe" nennt.

Man könnte sagen, er verhält sich wie ein chassidischer Zaddik. Auf eine solche Haltung sind die niederen Chargen der Parteiorganisationen nicht vorbereitet. Bezeichnend dafür ist die folgende Episode:

Kurz nach ihrer Machtergreifung erklären die Nationalsozialisten den 1. April 1933 zu einem Tag, an dem jüdische Geschäfte boykottiert werden sollen. Auch an Bubers Haus erscheint ein SA-Mann, der seine Hand zum nationalsozialistischen Gruß hebt und Buber ankündigt, daß ein Boykottmarsch vor seinem Haus stattfinden werde. Buber bemerkt mild, daß er daran wahrscheinlich nichts ändern könne. Der SA-Mann wendet sich darauf mit der Frage an ihn: „Herr Professor, wir haben verschiedene Schilder: ‚Jüdisches Geschäft, Jüdisches Anwaltsbüro, Jüdischer Arzt', aber keines paßt auf Sie. Was für ein Schild sollen wir in Ihr Fenster tun?" Darauf bemerkt Buber lakonisch, daß die Wahl dem SA-Mann überlassen bleiben müsse, denn er selbst habe kein Etikett. Der SA-Mann schaut Bubers Studierzimmer kritisch an und bemerkt die beeindruckende Bibliothek, die die Wände bedeckt. Schließlich hat er eine Erleuchtung. „Ich habe es", verkündet er glücklich und zieht ein Schild aus der Mappe: „Jüdischer Buchhändler. Wir werden das ins Fenster tun", entscheidet er, und das geschieht dann auch.

In einigen Fällen können sich offenbar selbst die Nazi-Funktionäre nicht der Faszination entziehen, die von Bubers Persönlichkeit ausgeht.

Auf einer jüdischen Versammlung, vor der Buber 1937 spricht, erhebt sich zu Anfang ein Herr und enthüllt, er sei Gestapobeamter. Er wird eingeladen, Platz zu nehmen und an den Vorgängen teilzunehmen. Buber und die anderen Anwesenden sprechen drei Stunden lang über religiöse Fragen. Der Gestapobeamte macht pflichtbewußt Notizen, aber er vermittelt Buber auch den Eindruck, als höre er mit persönlichem Interesse zu. Zum Schluß sagt der Spitzel: „Das können wir Christen doch Wort für Wort unterschreiben."

Nach weiterer Rede und Antwort ergreift er mit beiden Händen Bubers rechte Hand und sagt: „Bleiben Sie gesund!"

Auf ihrer Reise von Leipzig zurück nach Heppenheim erkundigt Buber sich bei seiner Frau nach ihrem Eindruck von diesem Mann und erwähnte dessen Abschiedsworte. „Das war nur ein Euphemismus", antwortet sie. Buber übersetzt diesen Euphemismus mit: „Gott gebe, daß wir dich nicht totschlagen müssen!"[196]

Nun zu Bubers Stimmung und seiner Einschätzung der braunen Gefahr. Bezeichnend für ihn ist, daß ihn bedrohliche politische Ereignisse eher selbstgewiß werden lassen, daß er seine Einsichten als Schutzpanzer nach außen kehrt.

Am 30. März 1933 schreibt er an Hermann Gerson:

„Was mich betrifft – mich hat gerade in diesen Tagen der Glaube umschlossen wie ein Schneckenhaus." Seine Sichtweise Adolf Hitlers ist eigenwillig, läßt aber einmal mehr seine eigentümliche Denkweise erkennen, die Dinge der Welt im Bezugsrahmen seiner religiösen Philosophie zu betrachten.

„Für Buber", urteilt Maurice Friedman, „war Hitler

nur die Karikatur Napoleons, das ‚dämonische Du', dem alles entgegenflammt, dessen Feuer aber kalt ist."[197]

Im übrigen antwortet Buber später auf die Feststellung Friedmans: „Unser Antagonist mag der Teufel oder Hitler sein, aber selbst solch einem muß getreulich geantwortet, muß entgegengehalten werden"[198] mit den folgenden Worten:

„Ich halte einerseits niemanden für ‚absolut' unerlösbar, und wenn es einen Teufel gäbe, so würde ich glauben, Gott könne ihn erlösen, und sogar, Gott wolle es. Und nicht das allein, sondern ich könnte mir auch denken, Gott möchte dem Menschen einen Anteil an diesem Erlösungswerk zumuten und zutrauen.

Aber sowie wir mit ganz konkretem Ernst darauf sinnen, wird eine Grenze deutlich, die nicht mehr auf Symbolik beschränkt ist wie das überlieferte Bild des Teufels, sondern einen ganz empirischen Charakter trägt. Hier steht mir nicht mehr zu, von Gott zu reden, sondern einzig von mir und diesem Menschen.

Hitler ist nicht mein Antagonist im Sinn eines Partners, ‚den ich bestätigen kann, indem ich ihm widerspreche', wie Friedman sagt, denn er ist unfähig, einen wirklich anzureden und unfähig, einen wirklich anzuhören. Das habe ich einmal persönlich erfahren, als ich ihn, wenn auch nur in der technischen Übermittlung des Rundfunks, reden hörte. Ich wußte, daß diese Stimme imstande war, mich mitsamt unzähligen meiner Brüder zu vernichten; aber ich erfuhr, daß sie ungeachtet solcher Macht nicht imstande war, das gesprochene und vernommene Wort in die Welt zu setzen. Und schon eine knappe Stunden danach habe ich im ‚Satan' den ‚armen Teufel' zu ahnen bekommen, den armen Teufel an der Macht, und zugleich habe ich meine dialogische Ohnmacht verstanden. Ich hatte zu antworten, aber nicht dem, der geredet hatte. Insofern eine Person ein Teil einer Situation ist, habe ich zu antworten, aber nicht gerade der Person."[199]

Bubers Briefen ist zu dieser Zeit Vorsicht anzumerken. Der Historiker Nahum N. Glatzer, der an der Frankfurter Universität sein Schüler gewesen und nach Palästina emigriert ist, zeichnet bei einem Aufenthalt in London die Lage der Judenschaft realistisch so:

„Es fehlt das Mindestmaß an Vertrauen, das der Jude zu seiner Existenz braucht. Man will uns nicht haben; da aber heute ein Ghetto nicht mehr möglich ist, muß jede Lebensform, die wir wählen werden, als Aufdringlichkeit empfunden werden. Wir können nicht mehr so leben, als ob es den Christen und den Deutschen nicht gäbe." Darauf folgt der geradezu prophetische Satz: „... darum wird die Entrechtung nicht eine Selbstbeschränkung, wie sie in früheren Zeiten eintreten konnte, zur Folge haben, – sondern unsere Zerstörung."[200]

1933 verliert Buber seine Honorarprofessur an der Johann Wolfgang Goethe-Universität in Frankfurt.

Zugleich hält er bis zur Emigration unbeirrt an seinen Bemühungen um die geistige Erneuerung des Judentums fest. So steht er ab Herbst 1933 in Frankfurt dem „Freien Jüdischen Lehrhaus" vor und initiiert die bis 1938 von ihm geleitete „Mittelstelle für jüdische Erwachsenenbildung".

Demonstrativ besucht er nun in Heppenheim die jüdischen Gottesdienste.

Wie bedrückend aber die Lage geworden ist, geht aus einem Aufsatz hervor, der in der Mai-Ausgabe der „Jüdischen Rundschau" im Jahr 1933 erscheint. Es heißt darin:

„Die Kinder erleben, was geschieht, und sie schweigen, aber nachts stöhnen sie aus dem Traum, erwachen, starren ins Dunkel: die Welt ist unzuverlässig geworden."[201]

Beobachtungsgegenstand sind in diesem Fall gewiß seine beiden Enkelkinder Barbara und Judith, für die er und seine Frau Paula, wie schon erwähnt, nach der Scheidung Rafaels von seiner ersten Frau das Sorgerecht erlangt haben. Übrigens hat er sich Rafaels Wunsch, die Kinder nach dessen zweiter Verheiratung zu sich zu nehmen, widersetzt. Sie wachsen weiter im Haus des Großvaters auf, ohne daß sich an seinen Erziehungsmethoden viel geändert hätte.

Rafaels Tochter erzählt von ihrem Vater: „Es gab immer Spannungen in der Beziehung von Buber und seinem Sohn [...] Mein Vater suchte schon als Kind Abenteuer. Er konnte plötzlich von daheim verschwinden. Einmal lief er mit einem Zirkus davon [...] nach dem Ersten Weltkrieg mischte er sich in die Politik ein und beschäftigte sich mit Flüchtlingen aus dem Osten. Mit einundzwanzig wurde er schon Vater. Er studierte ein Jahre in Mannheim technische Fächer und war in dieser Zeit in der kommunistischen Jugendorganisation tätig."[202]

Schon 1934 geht Rafael mit seiner zweiten Frau nach Palästina in den Kibbuz Geva.

Als seine Enkelkinder ab 1936 als Juden aus den öffentlichen Schulen ausgeschlossen werden, läßt Buber sie durch Privatlehrer unterrichten.

Als 1935 sein Vater stirbt, reist Martin Buber zur Beerdigung nach Polen. Er erbt zwei Drittel des väterlichen Vermögens, eine beträchtliche Summe, aber die polnische Regierung erlaubt ihm nicht, das Geld außer Landes zu bringen.

Als beschämend sind die Vorgänge zu bezeichnen, die Bubers Einwanderung nach Jerusalem vorausgehen, wo er einen Lehrstuhl an der Hebräischen Universität erhalten soll. Im Jahr 1934 bietet der Senat der Universität einen Lehrstuhl für allgemeine Religionswissenschaft an, den er bereitwillig annimmt.

Aber nach einer stürmischen Sitzung des Kuratoriums wird dieses Angebot wieder zurückgenommen, nachdem die englischen Kuratoren unter Leitung von Harry Sache gedroht haben, die Geldzahlungen einzustellen. Die offizielle Begründung lautet, es sei nicht nachgewiesen, daß ein Lehrstuhl für allgemeine Religionswissenschaften einem Bedürfnis entspreche. Aber sogar aus dem trockenen Protokoll der Sitzung kann man herauslesen, daß die englischen Kuratoren etwas gegen Buber persönlich und gegen das, was er vertrat, hatten.

Nachdem man sich zwei weitere Jahre darüber gestritten hat, wer die ersten drei Jahre lang sein Gehalt zu zahlen hätte – schließlich wird unter dem Patronat von Salman Schocken ein eigener Fonds außerhalb des regulären Budgets errichtet –, kann Buber endlich nach Jerusalem berufen werden, um dort einen Lehrstuhl für Sozialphilosophie zu besetzen.

Der Entschluß zur Emigration fällt ihm nicht leicht. Das geht aus einem Brief an Hermann Gerson hervor, in dem es heißt:

„... ich bin ja doch nicht beiläufig, sondern faktisch ein *deutscher* Schriftsteller – ohne einen an das dortige Volk [in Palästina], das dortige normale Leben, das dortige Bedürfnis, die dortige Wirtschaft gebundenen Beruf käme [ich] mir widernatürlich vor [...] Wenn ich anders dächte, wäre ich ein Zigeuner."[203]

Nachdem die Familie schließlich von Heppenheim nach Jerusalem übersiedelt ist, beharrt Buber darauf, das Haus in Heppenheim nicht zu verkaufen und jedes Jahr für einige Monate zurückzukehren, um Erwachsene in Frankfurt zu unterrichten.

Bubers Bibliothek in Heppenheim umfaßt 20 000 Bücher. Bei ihrer Verpackung hilft er mit, nicht so bei der des übrigen Hausrates. Die Verpackung wird von einem Gestapobeamten überwacht, der sich für dic chassidischen Schriften interessiert und dem Buber schließlich eine Ausgabe schenkt, wozu er später spöttisch bemerkt: „Ich konnte schlecht ‚Für meinen lieben Gestapomann' hineinschreiben."[204]

1937 kommt die Familie in Israel an und kehrt, nachdem sie die Kinder dort in der Schule angemeldet hatten und eine Wohnung gemietet worden war, noch einmal nach Deutschland zurück. Im Frühjahr 1938 reisen die Bubers wieder nach Palästina, und ein großer Teil des Mobiliars und der Bücher werden nach dort transportiert, ohne daß das Haus in Heppenheim verkauft würde. Im Sommer 1939 kommt Buber nach Europa mit der Absicht, auch Deutschland zu besuchen. Als er im November 1939 die Schweiz besucht, wird er von Freunden davor gewarnt, die Grenze nach Deutschland zu überschreiten. Jetzt würde er dort wohl verhaftet werden. Er kehrt daraufhin nach Palästina zurück.

Eine anschauliche Darstellung von Bubers nicht problemloser Situation in Palästina gibt Haim Gordon:

„Bubers Einwanderung nach Jerusalem, zusammen mit Paula und den Enkelinnen, im Jahre 1938 vereinigte ihn mit seiner Familie: Eva mit ihrem Gatten Ludwig Strauß und ihren zwei Söhnen und Rafael mit seiner zweiten Frau Ruth waren schon früher nach Palästina eingewandert. Damit war er aber abrupt von dem Milieu abgeschnitten, in dem er aufgewachsen war und zu dem er selbst soviel beigetragen hatte. Die jüdische Siedlerschaft in Palästina war damals neu, pionierhaft gestimmt, formlos in ihrem Benehmen und wenig geneigt, Gelehrte aus der Diaspora mit Respekt zu behandeln. Daher war Buber den ganzen Rest seines Lebens hindurch eine Art Fremder im eigenen Land, bewundert in akademischen Kreisen und in seiner Landsmannschaft aus Deutschland, aber in der Bevölkerung häufig ignoriert und schlecht angesehen."[205]

Die Entschlossenheit der Nazis, jetzt energischer gegen Buber vorzugehen, dürfte nicht zuletzt auch mit jenem offenen Brief an Mahatma Gandhi zusammenhängen, der im Februar 1939 erscheint und zugleich einen Appell an die Weltöffentlichkeit darstellt. Im Dialog mit Gandhi steht jetzt für Buber die Frage der Gewaltlosigkeit und ihrer Grenzen zur Diskussion:

„Wir wollen die Gewalt nicht", schreibt er. „Wir haben nicht, wie unser Volkssohn Jesus und wie Sie, die Lehre der Gewaltlosigkeit ausgerufen, weil wir meinen, daß ein Mann zuweilen, um sich oder gar seine Kinder zu retten, Gewalt üben muß", aber „wer sich zu Israel zählt, kann nicht Gewalt üben wollen."

Dann jedoch macht er Gandhi darauf aufmerksam, daß die von den Hindu in Indien geübte Form des gewaltlosen Widerstands in Hitler-Deutschland nutzlos wäre, weil das Regime dort eben nicht, wie Gandhi gemeint hat, „almost of the same type" (wie in Indien) ist. Buber fragt anklagend:

„Wissen Sie nichts, Mahatma, von der Verbrennung der Synagogen und der Thorarollen? Wissen Sie nicht, was da an heiligem, zum Teil uraltem Gut der Gemeinschaft in Flammen aufgegangen ist? Ich habe nie davon gehört, daß Buren oder Engländer in Südafrika ein indisches Heiligtum verletzt hätten [...] Wissen Sie, oder wissen Sie nicht, Mahatma, was ein Konzentrationslager ist und wie es darin zugeht, welches die Martern des Konzentrationslagers, welches seine Methoden des langsamen und des schnellen Umbringens sind? Ich kann nicht annehmen, daß Sie es wissen, denn sonst wäre dieses tragikomische ‚*almost of the same type*' Ihnen doch wohl nicht über die Lippen gegangen."[206]

III. Teil

1939–1965: Ein deutscher Jude in Israel

9
Palästina und Israel: Während und nach dem Zweiten Weltkrieg

„Dies ist das unentbehrliche Minimum der Humanität. Soll die Menschenwelt eine menschliche Welt sein, so muß Unmittelbarkeit zwischen den Menschen walten, und so auch zwischen Menschenhaus und Menschenhaus."

Martin Buber: Gemeinschaft und Umwelt (1953)

Die Einwanderung Martin und Paula Bubers nach Palästina, genauer gesagt ihre Emigration, führt, wie schon erwähnt, immerhin die Eltern mit den Kindern und Enkeln zusammen. Eva, die Tochter, mit ihrem Ehemann Ludwig Strauß und ihren beiden Söhnen und der Sohn Rafael mit seiner zweiten Frau Ruth waren schon früher nach Palästina ausgewandert, hatten aber auch ihre Schwierigkeiten, Fuß zu fassen und sich an die veränderten Lebensumstände zu gewöhnen.

Jerusalem ist für das Judentum eine Stadt von besonderer symbolischer Bedeutung. Für Martin Buber wird sie bis zu seinem Lebensende, wenn vielleicht auch nicht neue Heimat, so doch sein ständiger Wohnort. Angesichts des aktuellen, so schwer zu lösenden Konflikts zwischen Israelis und Arabern über den Status dieser Stadt und der heiligen Stätten dreier Weltreligionen scheint es angemessen, an dieser Stelle kurz auf die Geschichte Jerusalems zurückzublicken.

1960 erlebt Buber, wie die israelische Regierung die Feier des 3000. Jahrestages der Stadt anordnet. Dieser Gedenktag geht davon aus, daß David um das Jahr 1000 v. Chr. zum König von Jerusalem ernannt wurde und die Stadt gegründet habe. Der Gedenktag ist bezeichnend für den unbedingten Besitzanspruch Israels auf Jerusalem.

Nach den historischen Quellen und archäologischen Zeugnissen ist Jerusalem als Stadt weit älter als dreitausend Jahre. Im Alten Testament ist im Hinblick auf das oben erwähnte Datum nachzulesen, daß die Truppen Davids durch einen Tunnel, im Alten Testament „Sinnor" genannt, in die Stadt eindrangen, sie also eroberten.

Zu diesem Zeitpunkt aber bestand Jerusalem als Ort bereits 2000 Jahre, war allerdings nicht von Juden, sondern von Kanaanitern, Amoritern, Jebusitern, Hethitern und anderen Völkern bewohnt, von denen jedes einzelne über eine eigene Sprache und Kultur verfügte.

In einem erhellenden Aufsatz über die Ursprünge der Stadt und ihre Tradition der Toleranz, schreibt Kamil Jalil Asali:

„Tatsächlich stammt der älteste Name der Stadt, ‚Urusalem', aus dem Amoritischen. ‚Salem' oder ‚Shalem' war der Name eines kanaanitisch-amoritischen Gottes, während ‚uru' ganz einfach ‚gegründet von' bedeutet. Die Namen der beiden ältesten Herrscher der Stadt Saz Anu und Yaqir Ammo, wurden von dem amerikanischen Archäologen W. F. Albright als Amoritisch identifiziert. Dem Alten Testament zufolge waren die Amoriter das ursprüngliche Volk des Landes Kanaan. Sie sprachen dieselbe Sprache wie die Kanaaniter und waren wie diese semitischen Ursprungs. Viele Historiker vertreten die Ansicht, daß die Amoriter das ursprüngliche Volk des Landes waren, die ursprünglich von der Arabischen Halbinsel stammten."[207]

Asali berichtet dann, daß im zweiten Millennium Jerusalem von den Jebusiten bewohnt wurde. „Im Alten Testament werden die Jebusiter den Kanaanitern zugerechnet. Es waren die Jebusiter, die als erste die Festung Zion in der Stadt errichteten. Zion ist ein Wort aus dem Kanaanitischen und bedeutet ‚Berg' oder ‚Höhe'.

Der zweite Name Jerusalems war ‚Jebus'. Die Kultur von Jebus war kanaanitisch. Es handelte sich um eine Gesellschaft der Antike, die zahlreiche Städte mit festgebauten Häusern errichtete, sich auf zahlreiche Stadtstaaten erstreckte, Handwerk und Handel trieb sowie über ein eigenes Alphabet und eine eigene Religion verfügte. Diese Kultur florierte über zweitausend Jahre hinweg und wurde später von den primitiven Hebräern übernommen."[208]

Wird an diese Fakten erinnert, um die Behauptung eines „ewig jüdischen Jerusalem" als Argument des politisch-nationalistischen Standpunktes von den historischen Quellen und archäologischen Funden her zu widerlegen, so weist Asali in seinem Essay weiter darauf hin, daß es neben den Fanatikern im jüdischen und arabischen Lager in der Geschichte auch eine Traditionslinie der Toleranz gibt. So stellt der britische Historiker Colin Thubron in seinem Buch über Jerusalem fest:

„In den frühen Jahrhunderten waren Muslime im allgemeinen den Juden gegenüber tolerant und lebten friedlich mit ihnen zusammen, während in Europa die (Juden-) Verfolgungen wüteten."[209]

Asali fährt fort: „Vom 2. bis zum 9. Jahrhundert gab es drei wichtige Perioden, während der die jüdische Bevölkerung Jerusalems wuchs. Erstens nach der arabischen Eroberung der Stadt im 7. Jahrhundert, zweitens nach der Wiedereroberung Jerusalems von den Kreuzrittern im Jahre 1187 und drittens nach der Besetzung der Stadt durch die Osmanen im Jahre 1516. Im 7. Jahrhundert durften manche Juden sogar als Aufseher in der Al Aksa-Moschee, der drittheiligsten Stätte des Islam, arbeiten."

Und um noch zwei Beispiele für ein Zusammenleben im Zeichen der Toleranz aus der Geschichte zu erwähnen. Bei A. L. Sachar liest man in dessen Buch „History of the Jews":

„Juden hatten bereits vor der Vertreibung aus Spanien in den osmanischen Herrschaftsgebieten seit mehreren Jahren Zuflucht gefunden. Während der Verfolgungen des fünfzehnten Jahrhunderts in Deutschland waren Tausende in Richtung Osten geflohen und in den türkischen Provinzen gut aufgenommen worden. Das Leben war sicher, und man konnte den kommenden Tag ohne Schrekken begrüßen. Es gab keine erniedrigenden Abzeichen und keine repressiven Siedlungs- und Handlungsbeschränkungen. Die Juden unterlagen nur einer geringen Kopfsteuer, die alle Nichtmuslime zahlten. Die Gastfreundschaft der türkischen Herrscher war ein Geschenk des Himmels für die Opfer der spanischen und portugiesischen Bigotterie."[210]

Und Solomon ben Hayyim Meinstrel aus Ludenburg, der 1607 ins Heilige Land kommt, berichtet: „Die Nichtjuden, die auf dem Boden Israels weilen [...] bezeigen den Gräbern unserer Heiligen große Ehrfurcht, und auch den Synagogen, und sie entzünden Lichter auf den Gräbern der Heiligen an und geloben, die Synagogen mit Öl zu versorgen."[211]

Die Reihe solcher Zitate ließe sich noch weiter fortsetzen, und es geht aus ihnen hervor, daß eine Feindschaft zwischen Juden und Arabern zumindest vom Verlauf der gemeinsamen Geschichte her nicht zwangsläufig gegeben sein müßte. Es gab und gibt auch eine Tradition der gegenseitigen Toleranz.

Der Hinweis darauf scheint deswegen wichtig, weil Martin Bubers Denken und Trachten in ihr wurzelt, er sie fortzusetzen und als politisch bestimmend durchzusetzen versucht.

Für Martin Buber sind die ersten Jahre in Palästina nicht eben leicht gewesen. Die Juden im Land betonen in der Mehrzahl ihren Pioniergeist, geben sich in Benehmen und Kleidung formlos.

Jenes Prestige, das Buber selbst noch unter dem Nationalsozialismus in gewissem Maße geschützt hat, genießt er hier höchstens in akademischen Kreisen. Aber auch da gibt es Neid und Mißgunst, und die Begeisterung der Studenten hält sich in Grenzen. Keineswegs ist Martin Buber hier einer der einflußreichen geistigen Führer der Jugend. Seine studentischen Hörer haben Schwierigkeiten mit seinem hochgestimmten Sprachstil, ein Problem, das über die Jahre hin bestehen bleibt.

Freilich erfährt er auch Zustimmung. So bezeugt durch Joseph Ben Dov, später selbst Professor an der Hebräischen Universität, den Bubers Höflichkeit und die persönliche Art, seinen Studenten gegenüberzutreten, stark beeindruckt.

Bubers materielle Situation in Palästina ist alles andere als rosig. In Deutschland sind ihm Einkünfte aus dem Gut des Vaters und dem Erbe in Polen zugeflossen, auch aus seinen Veröffentlichungen. Damit hat es jetzt abrupt ein Ende. Er muß von seinem Professorengehalt leben, gemessen an den zuvor selbstverständlichen Aufwendungen für seinen gewohnten Lebensstandard eine eher bescheidene Summe, die zu Einschränkungen zwingt.

Am schwersten scheint Paula Buber die Gewöhnung an das neue Land gefallen zu sein. Sie versucht zwar Hebräisch zu lernen, macht aber nur geringe Fortschritte. Das führt dazu, daß ihr Tätigkeitsbereich auf das Haus beschränkt bleibt. Nicht länger ist sie in dem Maße wie in Deutschland das Bindeglied zwischen ihrem Ehemann und der Außenwelt. Allerdings findet sie nun mehr Zeit, sich der schriftstellerischen Arbeit zu widmen, auf die hier ausführlicher eingegangen werden soll.

Paula Buber hat zeit ihres Leben darauf bestanden, daß ihre Werke unter dem Namen Georg Munk veröffentlicht werden. Ihr Einfluß auf das Werk ihres Ehemanns ist vor allem im Fall der chassidischen Geschichten groß gewesen. Wenige Jahre später, 1912, erscheint ihr erstes eigenes Buch mit dem Titel „Die unechten Kinder Adams", ein Geschichtenkreis in bäuerlich-folkloristischer Atmosphäre um eine Geisterfrau, offenbar ein Nachhall des alpin-ländlichen Ambiente, in dem sie vor ihrer Ehe mit Martin Buber gelebt hat. „Am lebendigen Wasser", in Palästina entstanden, aber erst 1952 in Deutschland erschienen, ist ein Familien- und Entwicklungsroman, angesiedelt in München, mit deutlichen Bezügen zu Paulas Mädchenzeit in der bayrischen Hauptstadt. Im Mittelpunkt der Handlung steht Anna, die Ehebruch, Wahnsinn und Tod erlebt, Ereignisse, welche den geordneten Zusammenhang einer bürgerlichen Familie sprengen. Gewisse Ähnlichkeiten mit Thomas Manns „Buddenbrooks“ drängen sich auf. Es ist eine Geschichte, in der zudem die Dominanz der Frauen auffällt. Man kann bei der Gestalt des Anselm, ihres Ehemanns, eines Archäologen, der jahrelang auf Kreta verschwindet, bis Anna schließlich die Nachricht von seinem Wahnsinn und seinem Tod erhält, Anklänge an die Wesensart Martin Bubers erkennen. Aber bezeichnend und durchaus modern ist die Konzentration der Erzählerin auf die matriarchalische Abfolge der Geschlechter wie auch die Tatsache, daß glückliche Ehen sich als Wunschtraum erweisen. Mehr als zeitgeschichtliches Dokument denn literarisch bedeutsam ist „Muckensturm. Ein Jahr im Leben einer kleinen Stadt“, geschrieben zwischen 1938 und 1940 und 1953 veröffentlicht, ein Roman, in dem erzählt wird, wie sich eine Kleinstadt zwischen Odenwald und Rhein recht widerstandslos dem Nationalsozialismus unterwirft.

Martin Buber hat sich nach Ende des Zweiten Weltkriegs für das Werk Paulas eingesetzt. Schließlich findet sich auch ein angesehener Verlag, der den Roman „Muckensturm“ druckt.

Zurück in das Palästina der Jahre 1938/39.

Martin Buber benutzt seine Antrittsvorlesung zum Thema „Die Forderung des Geistes und die geschichtliche Wirklichkeit“ zu einer Standortbestimmung. Sie ist eine vergleichende Reflexion über die philosophischen Positionen Platons und Jesajas. Sie stellt die Frage nach dem Staatsideal, die, wie Buber erkennt, für die Juden entscheidend wichtig werden sollte. Sie ist ein Aufruf dazu, in der Welt und in Palästina die Forderungen des Geistes zur Geltung zu bringen. Von daher wird auch überlegt, wie der Geist auf die Veränderung der gesellschaftlichen Wirklichkeit einwirken könne. Vorgeführt wird das an zwei Beispielen: an Platon, der an den Geist als in die Verfügungsgewalt des Menschen gegeben glaubt, und an Jesaja, der den Geist als ein Geschehen, als etwas, was am Menschen geschieht, ansieht. Zudem wird das Verhältnis von Geist und Macht erörtert. Und über die Rolle der Propheten, mit denen Buber selbst sich stark identifiziert, heißt es illusionslos:

„Es gehört zum Wesen des Künders [d. h. Propheten], machtlos zu sein und als der Machtlose den Machthabern entgegenzutreten und sie an ihre Verantwortung zu gemahnen, wie Jesaja den Achas an der Straße zum Wäscherfeld. Es gehört zum Schicksal des Künders, machtlos vor der Macht zu stehen, die er zur Verantwortung zieht."[212]

Ein weiterer wichtiger Aufsatz Bubers aus diesen Jahren trägt den Titel „Das Problem des Menschen". Ein Kernsatz hier lautet: „Das Wesen des Menschen verwirklicht sich in der Begegnung mit dem anderen."

Von dieser Einsicht her ergibt sich auch Bubers Standpunkt zum Verhältnis der Juden und Araber.

Buber ist zu einer stürmischen Zeit nach Palästina gekommen. Es gibt arabische Terrorgruppen, die die jüdischen Zuwanderer und Siedler überfallen. Es gibt radikale jüdische Gruppen wie die Sterngruppe und Irgun Zvai le'umi, die außerhalb der Hagana, der Organisation der jüdischen Selbstverteidigung, stehen und Terror mit Terror beantworten.

Buber wendet sich schon 1938 gegen blinde Gewalt, gegen das von bestimmten jüdischen Kampfgruppen vertretene Prinzip, man solle jeden Anraber, ob schuldig oder unschuldig, als Vergeltung für die Juden zur Rechenschaft ziehen. Sein Standpunkt konkretisiert sich in jenem in anderem Zusammenhang schon erwähnten Brief an Gandhi, in dem es hinsichtlich der Beziehungen zwischen Juden und Araber heißt: „Unter einem echten Frieden verstanden und verstehen wir, daß die beiden Völker gemeinsam das Land bewirtschaften sollen, ohne daß eins dem anderen seinen Willen aufzwingen darf [...] Hier erheben sich zwei vitale Ansprüche einander gegenüber, zwei Ansprüche verschiedener Herkunft und verschiedener Art, die nicht sachlich gegeneinander abgewogen werden können, zwischen denen nicht sachlich entschieden werden kann, dieser sei gerecht und jener ungerecht. Wir empfanden und empfinden es als unsere Aufgabe, den Anspruch, der dem unseren entgegentritt, zu verstehen, zu ehren und uns um eine Versöhnung beider Ansprüche miteinander zu bemühen. Auf den jüdischen Anspruch konnten und können wir nicht verzichten; ist doch an dieses Land noch Höheres als das Leben unseres Volkes, nämlich sein Werk, und das heißt: der göttliche Auftrag an es, gebunden [...] Da gewiß auch auf der anderen Seite solche Liebe und solcher Glaube vorhanden sind, [kann] ein Zusammenschluß zu gemeinsamem Dienst an dem Land nicht unerreichbar sein. Wo Glaube und Liebe sind, kann auch ein scheinbar tragischer Widerspruch zur Lösung gelangen."[213]

Man mag diesen Standpunkt in Anbetracht unserer Kenntnis der späteren politischen Entwicklung als utopisch kennzeichnen, tatsächlich aber stellt er auch heute noch den Schlüssel zur Lösung des Konflikts dar.

Freilich hat auch Buber selbst den unheilvoll wachsenden Einfluß der Machtpolitik in dem Zeitabschnitt zwischen 1939 und seinem Tod im Jahre 1965 erkannt. Überliefert ist die düstere Äußerung: „Die Schlange [der Politik] siegt nicht bloß über den Geist, sondern auch über das Leben."[214]

Das hat ihn nicht davon abbringen können, in genau jener Weise, wie er sie bei den Propheten des Alten Testaments herausgestellt hat, warnend seine Stimme gegen Unrecht und Unheil zu erheben.

Den Zweiten Weltkrieg durchlebt Buber in der Abgeschiedenheit Palästinas, wobei die Unterbrechung der menschlichen Kontakte, die wenigen Nachrichten, die aus Mitteleuropa zu ihm dringen, seinen Nacken beugen und ihm die Kehle zuschnüren. Er fühlt sich wie Jona im Bauch des Wals. Eine Depression ergreift ihn. Er wagt es nicht mehr, seine Betroffenheit als Mitleid zu bezeichnen, sondern spricht – auf Genauigkeit bedacht – nur noch von Mitgefühl.

Wie die Mehrzahl der Juden in Palästina, schenkt er zunächst den Nachrichten über Massenmorden an den europäischen Juden keinen Glauben. Sein Bewußtsein ist zu anders strukturiert, als daß er so etwas für wahr halten könnte. Er räumt ein, daß zehn bis fünfzehn Prozent von dem, was berichtet wird, wahr sein könnte, was erschrekkend genug wäre, sieht die Gerüchte von Massenmorden jedoch als Konsequenz des Kriegshasses und verabscheut jegliche politische Ausnutzung dieser Berichte.[215]

Desto nachhaltiger trifft ihn die volle Wahrheit über den Holocaust nach Kriegsende. Walter Goldstein berichtet:

„Für lange Zeit danach [nämlich nach Ausbruch des Krieges] nahm er die grausame Wirklichkeit nicht wahr. Sein ganzes Wesen wehrte sich dagegen zu ‚akzeptieren', was seine Vorstellungskraft überstieg und mit all seinen Grundansichten unvereinbar war."[216]

Als dann aber 1945/46 genaue und verläßliche Berichte vorliegen, muß er sie zur Kenntnis nehmen. Auch jetzt, so bekundet er selbst, könne er sich das Grauen nicht bildhaft machen. Aber bis ans Ende seines Lebens, auch das ist in einem Ausspruch von ihm verbürgt, vergeht keine Stunde mehr, in der er nicht an den Holocaust denkt, und diese Bekundung ist durchaus wortwörtlich zu verstehen.

Trotz der schweren seelischen Erschütterungen, die für Buber der Zweite Weltkrieg und der Holocaust bringen, ist dies, was sein Werk angeht, eine produktive Zeit. Haim Gordon urteilt: „Einige von seinen wichtigen Arbeiten, wie ‚*Über Charaktererziehung*', ‚*Das Problem des Menschen*' und ‚*Zwei Glaubensweisen*', gehören dieser Periode an. Er fing auch an, hebräisch zu schreiben und eine Übersetzung einiger seiner deutschsprachigen Schriften herauszugeben. Aber in die Geheimnisse des modernen Hebräisch drang er kaum ein, und sein hebräischer Stil hat nicht dieselbe innere Kraft wie der deutsche."[217]

Über seinen großen Aufsatz über „Moses" wird im nachfolgenden Exkurs ausführlich die Rede sein. Hier müssen noch ein paar Sätze über die Bedeutung des chassidischen Romans „Gog und Magog" gesagt werden, den Buber in den zwanziger Jahren begonnen hat, den er aber nun erst vollenden kann und den er gegenüber Maurice Friedman als sein wichtigstes (wohl belletristisches) Buch bezeichnet hat.

Was den Text nach Bubers eigenen Worten zur Reife gebracht hat, ist „die Atmosphäre der tellurischen Krisis, das furchtbare Wägen der Kräfte, und die Zeichen einer falschen Messianik hüben und drüben."[218]

In Bubers Träumen vermischt sich das Bild des unerwartet erscheinenden falschen Boten mit dem von Goebbels. Schon früher ist Hitler von Buber als ein „Möchtegern-Napoleon" bezeichnet worden. Wie schon erwähnt, stehen sich in der Handlung dieses Buches zwei chassidische Rabbiner gegenüber, die beide Jaakob Jizchak heißen. Der Ältere, Seher von Lublin genannt, meint in Napoleon den in der Bibel prophezeiten Gog des Landes Magog zu erkennen, der dem Erscheinen des Messias vorausgehen soll. Dieses Ereignis versucht der Seher auf magische Weise zu beeinflussen. Seinem jüngeren Kollegen geht es allein um innere Wandlung. Er glaubt nicht, daß diese durch Magie bewirkt werden könne.

Wenn sich hier auch die Konstellation Buber/Herzl spiegelt, gibt es zugleich eine tiefere Schicht, die Maurice Friedman so interpretiert:

„Hinter dem Konflikt zwischen dem ‚Prophetischen' und dem ‚Apokalyptischen', zwischen der Art Yehudis, für die Erlösung zu arbeiten, und der des Sehers, steht die tragische Tatsache, daß unsere menschliche Existenz aus der Hoffnung auf menschliche Umkehr und der Verzweiflung an seiner Fähigkeit zur Umkehr besteht. ‚Der grausame Gegensatz der Existenz' ist in der Tatsache enthalten, daß wir, um miteinander zu kommunizieren, einander ‚gegenüber', entfernt von und im Gegensatz zueinander sein müssen und erst dann und dadurch ‚von Angesicht zu Angesicht' sein können. Tragödie entsteht aus der Tatsache, daß wir auf die Ansprache, die an uns von dem, was uns gegenüber ist, gerichtet wird, nicht antworten und oft nicht antworten können. Dadurch verhärten wir dieses Gegenübersein zu einfacher Gegnerschaft und verhindern dic Verwirklichung seiner Möglichkeiten für Beziehung."[219]

Dieser Analyse läßt sich noch einiges hinzufügen. Gewiß mag Buber angesichts der politischen Situation in Palästina sein Konflikt mit Herzl erneut wichtig geworden sein. Schon während des Konfliktes selbst ist ihm die Ambivalenz seiner Beziehung zum Proklamator des Zionismus klar gewesen: Gegnerschaft bei emotionaler Sympathie. Es mag sein, daß gerade in den Jahren des Zweiten Weltkriegs bei ihm die Vorstellung aufgetaucht ist, der Konflikt in der zionistischen Bewegung selbst hätte damals gewissenhafter ausgetragen werden müssen. Dies wären also später entstandene Schuldgefühle, die auf den Konflikt von damals projiziert werden, Schuldgefühle darüber, daß es in einer Beziehung nicht genügend Sensibilität und Intensität gab, um die Gegner (Herzl und Buber) in einen wirklichen Dialog miteinander eintreten zu lassen. Schuldgefühle empfand Buber darüber, daß es ihm eben nicht gelungen ist, wie er es in dem Artikel „Schweigen und Schreien" im Frühjahr 1944 ausdrückt, als die ganze Wahrheit über den Holocaust langsam durchsickert, „so viele Juden wie nur möglich zu retten, sie hierher oder an andere Orte zu bringen ...".

Ein anderes ist das Bekenntnis zu einer der zwei Positionen, die in „Gog und Magog" ausgeführt werden. Im Unterschied zum Seher besteht der Jüngere – und mit ihm Buber – darauf, daß „Erlösung Erlösung *des* Übels und nicht nur vom Übel" (Friedman) sein müsse. D. h., daß der Mensch aktiv durch Umkehr und Änderung seiner Haltung daran beteiligt sein müsse und nicht erwarten könne, der Erlösung passiv teilhaftig zu werden.

Fünfter Exkurs

Die biblischen Schriften: „Moses", „Der Glaube der Propheten" und „Das Königtum Gottes"

„Eine Wahrheit über die Seinsordnung, die in den kompakten Symbolen der Gesellschaften Mesopotamiens, Kanaans und Ägypten nur dunkel sichtbar ist, artikuliert sich mit der Entstehung Israels zur Höhe der Klarheit, wo sich der welttranszendente Gott selbst als die ursprüngliche und letzte Quelle der Ordnung für Welt und Menschen, Gesellschaft und Geschichte – also für das gesamte weltlich-immanente Sein – offenbart."

Erik Voegelin: Die Ordnung der Geschichte enthüllt sich in der Geschichte der Ordnung[220]

„Von Leben und Lehre des Judentums habe ich das behandelt, was meiner Einsicht nach seine eigentliche Wahrheit und für seine Funktion in der bisherigen und künftigen Geschichte des Menschengeistes das Entscheidende ist."

Martin Buber: Antwort (1963)

Die drei Schriften, in denen man am genauesten mit Martin Bubers Glaubensverständnis vertraut wird, sind „Moses", „Der Glaube der Propheten" und „Das Königtum Gottes". Sie sind zudem als einführender Kommentar jedem zu empfehlen, der es heute unternimmt, sich mit der hebräischen Bibel bzw. dem Alten Testament auseinanderzusetzen, d. h. es zu lesen und es sich in seinem glaubensgeschichtlichen Gehalt zu erschließen.

Ich habe aus ihnen zu genauerer Darstellung im Rahmen dieses Buches die Moses-Schrift ausgewählt. Ich gebe also gewissermaßen eine geraffte Zusamenfassung als Einführung, was den Leser nicht von der genauen Lektüre entheben, sondern zu einer solchen verlocken sollte.

Gleichgültig nämlich, ob man Bubers Auffassung teilt oder nicht, wird hier eine faszinierende Denkanregung geboten, deren Qualität sowohl in der sprachlichen Anschaulichkeit wie in dem Einblick liegt, den man in Bubers Bewußtsein gewinnt.

Wenn ich aus den drei Schriften den großen Moses-Essay ausgewählt habe, so auch deshalb, weil er den vielleicht entscheidendsten Moment in der Entstehung des Glaubens Israels abbildet, eben jenen, in dem sich der Kern seiner Glaubensvorstellungen, die ewig gültige Botschaft herauskristallisiert.

Buber beginnt seinen Text mit der Definition der Aufgabe, die er sich selbst gestellt hat. Er will Moses „als eine konkrete Individualität"[221] darstellen, angeben, was Moses geschaffen hat, was sein geschichtliches Werk ist. Entgegen der zur Zeit der Entstehung seiner Schrift in der damaligen Bibelexegese herrschenden Meinung ist er nicht der Ansicht, der biblische Text sei aus den sogenannten „Quellenschriften" (Jahwist, Elohist usw.) zusammengesetzt, vielmehr seien „Traditionsbearbeitungen" Grundlage der biblischen Erzählungen. Es gelte von daher, Früheres und Späteres, so weit das möglich sei, zu trennen und zu versuchen, die ursprünglich lange mündlich bewahrte Tradition zu erkennen. Das könne seiner Meinung nach mit Hilfe der Untersuchung der Wortwahl und des Satzbaus geschehen. Insofern stehen die „Moses"-Schrift und „Der Glaube der Propheten" auch in engem Zusammenhang mit der Buber-Rosenzweigschen Übertragung der „Schrift".

Bubers Blickwinkel im „Moses" ist der auf „Glaubensgeschichte", die im Unterschied zur „Religionsgeschichte", welche sich mit den religiösen Lehren, Sinnbildern und Einrichtungen befaßt, „das theologische, symbolische und das institutionelle Element in einer Lebensgemeinschaft" zu klären versucht. Hier ist ein entscheidender Punkt in Bubers Sicht der Dinge berührt. Zugespitzt ließe sich sagen: Nicht Religion interessiert ihn, sondern

Glaube und dessen Auswirkungen auf eine Gemeinschaft. Und weiter gedacht: Zielpunkt und Quelle des Glaubens – das Wesen Gottes.

Somit verwirft er auch Begriffe wie Pantheismus, Monotheismus, Theismus usw. als formelle Bestimmungen, die von Weltauffassungen sprechen, nicht aber von der Gottesauffassung.

In diesem Sinn ist Moses für ihn „Herausholer, Führer und Vorkämpfer, Volksfürst, Gesetzgeber und der Entsender großer Botschaft; er handelt auf der Fläche der Geschichte an den Völkern und zwischen den Völkern; um Volk ist es ihm zu tun, Volk fordert er an, daß es ganz und gar ‚sein' Volk, ein ‚heiliges' Volk werde, und das heißt: ein Volk, dessen Gesamtleben durch Gerechtigkeit und Treue geheiligt ist, ein Volk für Gott und für die Welt."[222]

Für Buber fallen die biblischen Erzählungen um Moses in den Bereich der Sage. Auch hier ist die Definition des Genres wieder von großer Wichtigkeit: Sage und Geschichtsschreibung gehen vom selben Punkt aus, Sage bewahrt geschichtliche Erinnerung, „nicht an das, was die Folgen als geschichtliches Ereignis erweisen, sondern an das, was das Gemüt der Erlebenden rührte". So schreibt der Iranist Ernst Herzfeld 1933, und Buber greift seine Definition auf. Demnach wird in der Erzählung Moses vor allem dargestellt, „wie das mitlebende Volk ihn erfuhr".[223]

Die Betrachtung solcher „Sagen" müsse nun interpretativ unter drei Gesichtspunkten erfolgen. Es sei zu entscheiden, ob es sich um eine geschichtsnahe Sage handele, die ihrem Wesen nach enthusiastischer Bericht sei, oder um eine geschichtsferne, bei der man das Vorgefundene später ergänzt habe. Schließlich komme es darauf an, zum Geschichtskern der Sage selbst vorzudringen.

Bei all dem sei zu beachten, daß die Ausgestalter und Hinzudichter das, was sie tun, nicht aus Willkür tun, sondern im Bann des urzeitlichen Antriebs, der in ihnen fortwirke.

Eine ins einzelne gehende Kritik dieser Sichtweise, eine Konfrontation mit anderen Definitionen von Sage würde zu weit führen, geht es doch hier eben nicht um eine umfassende Darstellung zum Genre „Sage", sondern um die Darstellung von Bubers Interpretationsansatz.

An diesem Punkt muß nun auf Bubers Abweisung der Darstellung des Moses durch Sigmund Freud[224] deshalb genauer eingegangen werden, weil aus ihr heraus sich ein Stück von Bubers individuellem Bewußtsein erhellt:

Nach Freud war Moses ein ägyptischer Prophet, der dem jüdischen Volk einen ägyptischen Monotheismus lehrte. In einem Akt der Ablehnung sei dann Moses von den Kindern Israels ermordet worden, die nicht fähig waren, die anspruchsvollen Gesetze dieser Lehre anzunehmen. Daraufhin hätten sie Schuldgefühle entwickelt und eben diese Gesetze dadurch zu einer Kulturleistung erhoben.

Die Brisanz dieser Darstellungsweise ist Freud durchaus bewußt gewesen, denn er schreibt selbst:

„Einem Volkstum den Mann abzusprechen, den es als den größten unter seinen Söhnen rühmt, ist nichts, was man gern oder leichthin unternehmen wird, zumal wenn man selbst diesem Volk angehört. Aber man wird sich durch kein Beispiel bewegen lassen, die Wahrheit zugunsten vermeintlicher nationaler Interessen zurückzusetzen."[225]

Das klingt sehr mutig, relativiert sich aber dadurch, daß die absolute Kenntnis der Wahrheit wohl ohnehin von niemandem in Anspruch genommen werden kann.

Klar werden sollte vielmehr, daß hier eine glaubensgeschichtliche Sicht (Buber) einer rationalistisch-psychoanalytischen (Freud) gegenübersteht.

Für Buber ist Moses ein Hebräer. Die Kinder Israels, die durch Joseph nach Ägypten gelangten, verlassen es nach Versklavung ihrer Volksgruppe nach 430 Jahren unter Führung von zwei Männern, von denen einer es in Ägypten zum Großwesir und zum Adoptivsohn einer Prinzessin gebracht hat, übrigens unter Mitnahme des Mumiensarges von Joseph (ein Wort, das sonst auch „heilige Lade" bedeutet.) Die Frage, wann der Auszug erfolgte, wird von Historikern unterschiedlich beantwortet, und zwar mit Mitte des 15. bis Ende des 13. Jahrhunderts.

Die Aussetzung des Kindes Moses in einem Kästchen ist nun eindeutig ein Sagenmotiv der frühen Menschheit. Buber interpretiert es so: „Damit der zum Befreier seines Volkes Bestimmte zum Befreier aufwachse [...] muß er der Hochburg der Fremden, eben dem Königshof, von dem aus Israel versklavt worden ist, übergeben werden, muß da groß werden. Es ist eine Art von Befreiung, die keiner ausführt, der als Sklave aufwuchs ..."[226]

Offen bleibt, woher der am äygptischen Hof Aufgewachsene weiß, daß die hebräischen Sklaven seine Brüder sind. Er sieht jedenfalls, wie ein Aufseher einen Sklaven schlägt, und erschlägt aus Empörung den Ägypter und verscharrt die Leiche im Sand. Er sieht darauf auch, wie einer seiner Brüder einen anderen Sklaven erschlägt.

Als der Mörder Moses murrend fragt, wer ihn denn zum Obmann oder Richter in solchen Konflikten eingesetzt habe, überkommt Moses Furcht, und als der Pharao versucht ihn umbringen zu lassen, flieht er.

Er beschützt im Midianiterland die sieben Töchter des Stammespriesters vor sie bedrängenden Hirten und wählt unter den Frauen seine zukünftige Frau. Buber über diese Episode:

„Ein Mann aus dem versklavten Volk, der einzige nicht mit Versklavte, ist in die freie und herbe Luft der Väter zurückgekehrt."[227]

Es folgt die Dornbusch-Geschichte am Horeb oder Sinai. Buber lehnt die Deutungen, es habe sich um den Sitz einer Berggottheit oder Baumgottheit gehandelt, aus seiner Sicht der Dinge konsequent ab. Moses sieht den brennenden Dornbusch, und Gott ruft ihn aus dem Dornbusch an, und es ist, immer Buber folgend, kein fremder Gott, sondern der Gott der Väter.

Die Traditionslinie der Existenz dieses Gottes von allem Anfang an wird untersucht, und dieser Gott erteilt Moses den Auftrag: „Führe mein Volk, die Söhne Israels, aus Ägypten."

Entscheidend ist nun das große Zwiegespräch mit Gott. Wie, fragt Moses, soll ich vor den Menschen beweisen, daß ich einen solchen Auftrag von Gott bekommen habe? Er soll Wunderzeichen tun, ein Erzählteil, den Buber einer späteren Zeit zuordnet. Entscheidend ist aber die Antwort Gottes auf die Frage Moses', wie er sich denn vor dem Pharao verhalten solle? Sie lautet: „Wohl ich werde dabei sein bei dir."

Die Antwort Gottes auf die Frage nach seinem Namen, „'Ehjeh 'ascher 'ehjeh", meint nun nicht Namen als Lautgebilde, sondern – im Unterschied zu den Göttern der Ägypter – daß sich Gott als der wirklich Daseiende, mitten im Menschenreich Stehende und Handelnde darstellt. Bezeugt wird: „Ich bin und bleibe gegenwärtig."[228] Buber sieht hier die tiefste geschichtlich erkenntliche Schicht berührt und bezeichnet die Antwort als „nicht der Sphäre der Literatur [angehörig], sondern der der Stiftung".[229]

Für Buber ist dies die wesentliche Charakterisierung vom Sein des hebräischen Gottes.

Moses begibt sich nun mit Weib und Kind nach Ägypten zurück, und dabei kommt es zu einer den Hörer oder Leser zunächst höchst merkwürdig dünkenden Erzählung. Jahwe fährt auf sein Nachtlager nieder und versucht ihn zu töten. Sein Weib beschneidet mit einem Flintsteinmesser seinen Sohn und berührt mit der Vorhaut des Kindes das Bein des Vaters. Der Überfallende läßt von Moses ab.

Gedeutet wird diese Episode als Teil einer älteren Überlieferung, in der nicht Jahwe, sondern ein Dämon die handelnde Person war. Diese ist jetzt in die Gestalt Gottes eingegangen und hat dort einen neuen Sinn: „Es gehört zum Urwesen dieses Gottes, daß er den, den er erwählte, auch restlos anfordert; wen er anredet, den reißt er an sich."[230]

Es folgen die Episoden Moses vor dem Pharao, die Feier des Passahfestes, das Wunder beim Durchzug durch das Meer; bei all dem betont Buber bei seinen Interpretationen die Bedeutung und erneute Bewahrheitung des Bescheids: „Ich bin und bleibe gegenwärtig." Eine der spannendsten Stellen seiner Interpretation ist dann die Mannageschichte (Exodus 16, 2–36). Manna wird als eine nach kristallisierendem Honig schmeckende Sekretion der Schildläuse, die zur Zeit der Aprikosenernte für ein bis zwei Monate die Tamariskenbüsche bedeckt, dechiffriert. Eingeflochten aber ist in diesen Bericht das Gebot Moses', das Manna am Sabbat nicht aufzulesen. Nach der Klärung des Gottesnamens und der Wiedereinsetzung des Passahfestes vollendet das Sabbatgebot nur gewissermaßen die vollständige Aufrichtung der alt-hebräischen Gottesvorstellung. Es enthält einen kosmischen und einen sozialen Aspekt. Der kosmische besteht im Nachvollzug der Ruhe Gottes am siebenten Tag nach Schöpfungsbeginn, der soziale ist darin zu sehen, daß auch die in die Hausgemeinschaft aufgenommenen Sklaven oder Fremden an diesem Tag ruhen sollen. Wie Gott am siebenten Tage ruhte, wie er für die Angehörigen seines Volkes Ruhe für nötig befindet, so soll solche Notwendigkeit auch für die Angehörigen des Volkes gelten, das den Juden untergeben ist: Man soll ihnen Ruhe gönnen.

Ich überspringe nun wieder einige Episoden der biblischen Erzählung, um mich desto ausführlicher mit dem zentralen Abschnitt in Moses' Leben zu beschäftigen.

Da ist zunächst einmal der Bundesschluß, der mit zwei Handlungen – der Opfergabe und dem Essen – dargestellt wird. Moses baut am Fuß des Berges vor der Morgendämmerung einen Altar und errichtet zwölf Steinmale, wohl für die zwölf Stämme Israels. Es geht beim Opfer dann vor allem um die von Gott vollzogene Befestigung des Namens Israels in der Bedeutung, daß aus zwölf Stämmen ein Volk geworden ist. Darauf bringen die Jünglinge Israels Opfer dar.

Daß hier Knaben eingesetzt werden, erklärt sich mit dem Gesetz der Keuschheit als Voraussetzung, dem Heiligen gegenüberzutreten.

Der eigentliche Akt des Bundesschlusses zwischen Gott und dem Volk Israel ist das Tieropfer. Die eine Hälfte wird Jhwh zugeeignet, das Blut der anderen Hälfte wird über das Volk versprengt: „Da, das Blut des Bundes, den JHWH mit euch schließt."

Buber ist es darum zu tun, die Besonderheit, ja die Einzigartigkeit dieses Vorgangs herauszuarbeiten, indem er betont, daß es sich nicht um irgendeinen Vertragsschluß zwischen einem Volk und Gott handele, wie er aus dem alten Babylon und Südarabien in dieser Epoche bekannt ist, vielmehr will er diesen Vertrag so verstanden wissen, daß Gott und die Menschenschar (sich) zu einer Lebensgemeinschaft – Buber spricht wörtlich von einer „politischen, theopolitischen Einheit"[231] – zusammenschließen. Danach steigen Moses, Aaron und siebzig der Ältesten auf den Berg. Oben soll als letzter Akt des Bundesschlusses der nicht zu Rauch gewordene Teil des Opferfleischs verzehrt werden. „Da aber geschieht das Unerhörte, bei dessen Bericht der Erzähler zu rhythmischer Sprache übergeht, als führte er Verse aus einem uralten Lied an (V. 10): ‚Sie sahen den Gott Israels: zu Füßen ihm wie ein Werk aus saphirnen Fliesen, wie der Kern des Himmels an Reinheit.'"[232]

Buber fragt nun, was es denn heiße, wenn da geschrieben stehe, Gott habe sich von seinen Gläubigen „sehen lassen". Genau fragt er: „Wie, als was, worin wird er sichtbar?"[233] Man wird nicht leugnen können, daß auch „seine" Erklärung, zumindest für einen heutigen, glaubensgeschichtlich wenig erfahrenen Menschen, schwierig ist. Eben darum muß sie wörtlich wiedergegeben werden, damit sich der Lesende an ihrer Anschaulichkeit erproben kann:

„Was eigentlich mit dem Sich-sehen-lassen JHWHS gemeint ist, haben wir in der Erzählung vom brennenden

Dornbusch kennengelernt: ‚in der Feuerlohe', nicht als eine von ihr unterschiedene Gestalt, sondern eben in ihr und durch sie, gibt sich der ‚Bote' JHWHS, d. h. JHWH als in die irdischen Geschicke eingreifende Macht, Mose zu sehen. Und eben solcher Art ist, soweit ich es aus dem Text zu ermitteln vermag, das, was die Vertreter Israels auf der Höhe des Sinai zu sehen bekommen. Sie sind wohl vor Morgengrauen durch zähen niederhängenden Wolkendunst gewandert, und in ebendem Augenblick, da sie das Ziel betreten, zerreißt, wie es mir selber einmal widerfuhr, das dicke Gewölk und vergeht, bis auf ein noch verharrendes, aber schon durchglänztes Wolkengebild; genug, die saphirne Nähe des Himmels überwältigt die altgewordenen Delta-Hirten, die nie noch zu kosten, nie zu ahnen bekommen haben, was das Spiel des frühen Lichtes über den Gipfeln der Berge erschließt. Eben dies aber nehmen die Vertreter der befreiten Stämme als das wahr, was ‚unter den Füßen' ihres thronenden Melekh ist, und indem sie sehen, was ihm entstrahlt, sehen sie ihn. Er hat sie mit seiner großen Macht durchs Meer und durch die Wüste geführt und ‚auf Adlerflügeln' zu diesem Berg seiner Kundgebung gebracht; er hat mit ihnen hier den Blutbund, den Königsbund geschlossen; er hat sie zu sich zum Mahl geladen; und nun, da sie bei ihm angelangt sind, gibt er in den Herrlichkeiten seines Lichtes ihnen sich selber zu sehen, sichtbar werdend und unsichtbar bleibend. Die Netzhaut ihrer Augen fängt nichts anderes auf, als was auch die unsre aufzufangen vermag; sie aber sehen den Offenbarer."[234]

In dem folgenden Abschnitt, überschrieben „Die Worte auf den Tafeln", untersucht Buber dann die Eigenart und Bedeutung des Dekalogs, also der zehn Gebote.

Die bibelkundliche Forschung des 19. Jahrhunderts hat nachzuweisen versucht, daß der Dekalog in einer späteren Zeit, während oder nach dem babylonischen Exil entstanden sein müsse und einen „Katechismus der religiösen und sittlichen Pflichten des exilischen Israels" darstelle.

Die damit verbundene Argumentation hat es für ausgeschlossen angesehen, daß die einzelnen Gebote unter den Voraussetzungen der Frühzeit sinnvoll gewesen seien. Diese These ist später durch die Kenntnis und Übersetzung ägyptischer und babylonischer Texte gestärkt worden, durch die sich herausstellte, daß es im alten Orient eine Tendenz gegeben hat, kultische Postulate und Verbote mit moralischen zu mischen. Im Dekalog aber trete das Kultische hinter moralischen Geboten zurück.

Ein anderes Problem ist, daß Moses bis dahin als eine ganz andere Figur, nämlich als Zauberer, Heilkünstler, Orakelerteiler erscheine und eben nicht als jene, die aus den lapidaren Sätzen des Dekalogs spreche.

Buber versucht diesen Widerspruch aufzulösen, indem er erklärt, daß Moses zwar einerseits „uralte, mit magischer Bedeutung geladene Riten übernommen" habe, sie aber, „ohne ihnen damit von ihrer Vitalität zu nehmen"[235], mit einer Haltung, die aus einer neuen Glaubensart herrührte, nun mit eben den Geboten umgebe.

Für Buber sind die Gebote „Grundsätze des Gemeinschaftslebens unter der Gottesherrschaft".[236]

Ein Problem besonderer Art stellt das Bilderverbot dar. Da ist zunächst die Erinnerung an die Götterbilder aus Ägpyten, so daß es wohl zu einer Auseinandersetzung zwischen jenen, die sie beibehalten, und jenen, die sie abschaffen wollten, gekommen sein muß. Das frühe, der Zeit Moses zuzuordnende Bilderverbot bezieht sich aber nicht nur auf diese, sondern es ist nun auch verboten, JHWH selbst in Bildern oder auch in einer Naturerscheinung anzubeten.

Da nun aber in frühester Zeit Gott als Weggott angesehen wurde, der als Mond oder als Stern erschien, sollen zur Einsetzung JHWHs als des einzigen Gottes auch diese Vorstellungen ausgeschlossen werden. Es geht im Grunde, wie Buber es nennt, um den Kampf der „sich wider den Glauben auflehnenden Phantasie", der aus der Situation der Moses-Zeit heraus verständlich werde.

Bleibt die Frage, ob man annehmen könne, daß tatsächlich gerade Moses, „aus der Fülle der vorhandenen oder in der Bildung begriffenen Sätze über das Richtige und das Unrichtige, über Sollen und Nichtsollen, gerade diese, mit Ausscheidung alles Kultischen, ausgesondert und zur absoluten Norm zusammengeschmiedet habe".[237]

Erstens, argumentiert Buber, dürfe nicht übersehen werden, daß sich die Religion Israels nicht ohne „Murren" durch das Volk in der Weise herausgebildet habe. Zum zweiten sei es nicht verwunderlich, wenn die Gebote der Sittlichkeit vor denen des Kultus den Vorrang hätten, denn es handele sich hier um ein halbnomadisches Volk, das keine ausgeprägten kultischen „Bräuche und Anstalten" gehabt habe. Eben darum enthalte der Dekalog keine kultischen Verordnungen.

Bleibt die Frage: warum gerade das und nicht mehr und nicht weniger? Der Fragwürdigkeiten scheinen viele. Ist in dieser Zeit das Verbot des Begehrens im Einklang mit dem herrschenden zivilisatorischen Bewußtsein? Warum fehlt im Dekalog ein Verbot der Lüge? Warum sind es genau zehn Gebote?

Der erste Erklärungsschritt liegt in dem Hinweis, daß die Gebote kein Katechismus, also keine „Anleitung für den, der sich auf Grund angenommener Sätze [...] als vollgültiges Mitglied einer Religionsgemeinschaft ausweisen können soll",[238] seien.

Vielmehr sei in den Sätzen das „Du" entscheidend.

Vermöge des „Du" bedeute der Dekalog die Erhaltung der göttlichen Stimme. Der Dekalog stelle weder einen Glaubensartikel noch eine Sittenregel dar, vielmehr „die Konstituierung einer Gemeinschaft durch eine Gemeinschaftssatzung"[239]. Sein erster Teil mit den fünf „Du sollst nicht" handele von Gott und der Gemeinschaft, der zweite „von der Zeit, dem Nacheinander der Gemeinschaft", der dritte vom Raum der Gemeinschaft, von der Normierung des Verhältnisses zwischen den Gliedern der Gemeinschaft.[240] Vier Dinge seien es, die vor allem geschützt werden müßten, damit die Gemeinschaft in sich gefestigt sei: das Leben, die Ehe, das Eigentum und die soziale Ehre.

Man erinnere sich: Die Gebote werden gegeben vor der Erreichung des in Aussicht gestellten gelobten Landes, das erst in Besitz genommen werden muß. Aus den Clans und Stämmen, die durch die Wüste auf dieses Land zu ziehen, macht Moses ein Volk. Dazu müssen übergreifende moralische Regeln nicht nur aufgestellt, sondern für allgcmeingültig erklärt werden. Regeln wie „Morde nicht", „Begehre nicht deines Nächsten Frau", „Stiehl nicht" waren für das Verhalten zwischen Menschen in der ziehenden Schar bis dahin durchaus noch nicht selbstverständlich.

Die große, bewunderungswürdige Leistung Moses' – selbst wenn man die sich stetig verwirklichende Zusage Gottes in Rechnung stellt – ist neben der Durchsetzung eines neuen Glaubens auch eine staatsmännisch-gesellschaftliche, für die sich die Prinzipien benennen lassen: „uneingeschränkte Herrschaft des einen Gottes, gleichmäßige Dauer Israels im Wechsel der Jahre und Geschlechter, innerer Zusammenhalt der gleichzeitig Lebenden."[241]

Buber schreibt: „Mose ist nur vom Boden einer elementaren Einheit von Religion und Gesellschaft aus zu verstehen. Er hat das paradoxe Geschäft einer Herausführung der hebräischen Stämme nur unternommen, weil er in seiner unmittelbaren Erfahrung von der Gewißheit überwältigt worden ist, dies sei der Wille Gottes, der diese Stämme sein Volk nennt; er sinnt auf nichts anderes als darauf, diesem Gott die Gemeinschaft zuzubereiten, deren Bundesherr zu sein er sich bereit erklärt hat; aber eben deshalb muß Israel eine Grundverfassung gegeben werden, die es in sich einig und fest macht."[242]

Der Bubersche Text über die Lebensgeschichte Moses ist damit nicht zu Ende, und es lohnt sich, ihn, von Buber geführt, bis zu jenem Ende zu verfolgen, da der nach den Worten der Bibel Hundertzwanzigjährige vom Nebo die ganze Jordansenke und vielleicht im Norden den Schnee des Hermon, im Westen die Hügel über dem Mittelmeer, also Kanaan erblickt, aber in einer Schlucht im Land Moab gen Beth-Peor sein Grab findet. Auch der große Dolmetsch Gottes wird letztlich mit menschlicher Unvollkommenheit dargestellt, indem ihm um einer Verfehlung des „Widerstrebens" oder der „Untreue" willen, jedenfalls aber einer Verfehlung wegen, zwar beschieden ist, das Gelobte Land zu sehen, nicht aber es zu betreten.

Man kann aus Martin Bubers Rekonstruktion der Moses-Gestalt vor allem seinen unbedingten Glauben an das Wirken und die Wirksamkeit des Geistes herauslesen. Von „Geistbesessenheit"[243] als einer Eigenschaft des Prophetischen ist an einer Stelle ausdrücklich die Rede.

Man kann kritisch fragen, ob es Martin Buber gelungen ist, in seiner Moses-Darstellung das sich ursprünglich gesetzte Ziel, Moses als eine konkrete Individualität darzustellen, tatsächlich vollgültig zu erreichen? Zu schwierig und fragwürdig bleibt der freilich mit großem Wissen und Können betriebene Versuch, die früheren und späteren Textschichten mit den Werkzeugen des linguistischen Archäologen zu trennen und durch bewundernswerte, von Wissen und Sensibilität getränkte Empathie, manchmal freilich auch mit einem recht apodiktischen Ton, das originale Geschehen freizulegen.

Hingegen erlebt jener, der sich in die „Moses"-Schrift vertieft, etwas anderes, nicht weniger wichtiges: nämlich an Moses geschildert die Konditionen, die Buber als entscheidend für echten Glauben ansieht, einen Glauben, der kontinuierliche Auswirkungen auf die soziale Ordnung einer Gemeinschaft im Alltag hat, einen Glauben, von dem man danach begreift, daß seine Intensität und seine unbedingten Ansprüche bei Vertretern einer Amtskirche, welcher Konfession auch immer, zwar manchmal auf Bewunderung gestoßen sind, daß ihn jedoch gewisse Kreise der jüdischen Orthodoxie und Personen, die in Israel die staatlichen Machtpositionen zu vertreten hatten, in Frage stellten, ja ihn sogar bekämpften.

10

Machtpolitik oder biblischer Humanismus? Die Juden und die Araber

„Wir verscherzen uns die echten und wertvollen Sympathien, wenn wir eine Methode, die wir bisher als unmenschlich brandmarkten, nunmehr dadurch, daß wir sie selbst üben, praktisch anerkennen. [...] Nicht außen, sondern mitten unter euch bereitet sich das eigentliche, das unüberwindliche Unheil, wenn ihr nicht Einhalt tut."

Martin Buber:
Gegen die Untreue (1938)

1948, nach Ende des ersten israelisch-arabischen Krieges definiert Martin Buber sein Verhältnis zu dem neu entstandenen jüdischen Staat wie folgt:

„Ich habe die aus dem Krieg hervorgegangene Form des neuen jüdischen Gemeinwesens, den Staat Israel, als den meinen akzeptiert. Ich habe nichts mit jenen Juden gemein, die ihn, die faktische Gestalt der jüdischen Selbständigkeit, bestreiten zu dürfen meinen. Das Gebot, dem Geist zu dienen, ist jetzt von uns in diesem Staat, von ihm aus zu erfüllen."[244]

Bis zu diesen Sätzen ist es ein langer Weg, und es ist ein Weg der Niederlagen des Geistes gegenüber der Machtpolitik.

Dennoch: Buber hat seine Position, die ich – mich eines von ihm selbst geprägten Begriffes bedienend – die eines biblischen Humanismus nenne, nie aufgegeben. Noch 1958 hat er in einem Beitrag im „Congress Weekly", dem Organ des Jüdischen Weltkongresses, erklärt, er erkenne zwar die aus dem Krieg hervorgegangene Form des Staates Israel an, dieses Bekenntnis aber schließe die Pflicht mit ein, Fehler wiedergutzumachen und Versöhnungsbereitschaft mit den feindlichen Nachbarn zu üben. Denn, so

Buber wörtlich in diesem Artikel: „Noch besteht das Gebot des Geistes, den Weg zu bahnen zur Zusammenarbeit von Volk zu Volk."

Die Wurzeln des Konfliktes reichen in Bubers Leben weit zurück. 1921 war es Buber auf dem zwölften Zionistenkongreß in Karlsbad gelungen, ein Papier verabschieden zu lassen, in dem es ausdrücklich heißt, daß die jüdische kolonisatorische Arbeit die Rechte und Bedürfnisse des arbeitenden arabischen Volkes nicht beeinträchtigen werde.

Im Grunde hat Buber versucht, diesem Standpunkt auch in seiner Zeit in Palästina Geltung zu verschaffen. Die Stationen dieses Kampfes für Verständnis und Versöhnung nachzuzeichnen, wird in diesem Kapitel versucht werden.

Sowohl auf arabischer wie auf jüdischer Seite entstehen während des Zweiten Weltkrieges Organisationen, die mit diesem Ziel politisch tätig werden. Auf arabischer Seit ist dies die „Falastin el Jedida", „Das neue Palästina", in der jüdischen Bevölkerungsgruppe „Die Liga für jüdische-arabische Wiederannäherung und Kooperation". Ziel der letzteren ist die Anerkennung des Rechts „der Araber Palästinas auf ein national autonomes Leben und auf Beziehungen mit anderen Teilen der arabischen Nation; sie bejahte die Nichtdominanz eines Volkes über ein anderes, ungeachtet der zahlenmäßigen Verhältnisse, und eine binationale Herrschaft, die an einer Föderation mit den benachbarten arabischen Staaten teilnehmen könnte."[245] Daraus entwickelt sich im August 1942 die „Ihud" oder „Einheit", deren Exekutivkomitee unter anderem auch Martin Buber angehört. Das politische Konzept aus den Reihen dieser Organisation lautet:

Wiederbelebung der gesamten semitischen Welt durch jüdisch-arabische Kooperation auf sozialem, ökonomischem, kulturellem und politischem Gebiet und eine binationale Regierung und Teilnahme an einer größeren nahöstlichen Föderation.[246]

Die Voraussetzung dazu wäre eine Begrenzung der jüdischen Einwanderer gewesen. Gegen sie spricht Buber sich zunächst aus, nur um bald zu erkennen: Die zionistische Mehrheit ist bereit, die Einheit Palästinas aufzugeben, um zu einem jüdischen Staat zu gelangen. Die Binationalen hingegen sind bereit, den jüdischen Staat der Einheit Palästinas zu opfern.

Ich überspringe hier jene Kette von Ereignissen, die zu dem am 29. November 1947 mit Zweidrittelmehrheit gefaßten Beschluß der Vollversammlung der Vereinten Nationen über die Teilung Palästinas, zur kurz vor dem Ablauf der britischen Mandatszeit durch Ben Gurion erfolgten Ausrufung des Staates Israel im Mai 1948 und zum Ausbruch des offiziellen Kriegs zwischen Juden und Arabern geführt hat.

Robert Weltsch, Publizist aus dem Prager Kreis, in Deutschland bis 1938 Chefredakteur der „Jüdischen Rundschau", später in Palästina Redakteur einer wenig erfolgreichen Zeitschrift, ein Mann, der oft gegen harte Widerstände einen ethisch-humanen Zionismus vertritt, forderte wie Buber eine Politik der Verständigung mit den Arabern. Er analysiert die Ereignisse, durch die der Krieg ausgelöst wurde, so:

„Anstelle einer Interessengemeinschaft und Zusammenarbeit der zwei Völker auf dem Boden des gemeinsamen Heimatlandes traten tödlicher Haß und Erbfeindschaft. Eine halbe Million Araber waren aus Palästina geflohen oder verjagt worden, arabische Dörfer wurden dem Erdboden gleichgemacht, das arabische Land wurde nach Kriegsrecht als ‚herrenloses Eigentum' von den Organen des jüdischen Staates besetzt und an jüdische Neuankömmlinge verteilt, oder zur ‚Abrundung' des bestehenden jüdischen Besitzes (z. B. auch der sozialistischen Kibbutzim) verwendet."[247]

Es fehlt in diesem Zeitraum nicht an Stellungnahmen Bubers, in denen er vor Gewalttaten zur Durchsetzung des jeweils eigenen Standpunktes warnt, in denen er den

Juden die Gefahren der fortschreitenden Verdrängung einer binationalen Lösung vor Augen führt. Seine sich aus der rückblickenden Perspektive unserer Zeit geradezu gespenstisch ausnehmenden Äußerungen finden sich u. a. in einem Artikel mit dem Titel „Zweierlei Zionismus" aus dem Mai 1948, in dem Buber sagt, man setze sich ein „Staatlein" zum Ziel, das Gefahr laufe, in einem steten Gegensatz zu seiner natürlichen geopolitischen Umgebung zu leben, und seine besten Kräfte an militärische statt an soziale und kulturelle Werte hergeben müsse. Er sagt am Ende dieses Artikels, natürlich werde er im Fall eines Krieges – der dann ja ausbricht – „mit seiner eigenen Existenz" an der Seite Israels teilnehmen, könne sich aber über einen Sieg der Juden, wenn er denn komme, nicht recht freuen, denn dieser sei gleichbedeutend mit der Niederlage eines Zionismus, wie er ihn verstehe.

Er sollte recht behalten.

Als im September 1948 Graf Folke Bernadotte, der Vermittler im arabisch-jüdischen Krieg, von jüdischen Terroristen ermordet wird, entwirft Buber einen kritischen Text, den er dann aber nicht veröffentlicht. Er ist sprachlos geworden, aber in der Niederschrift hat sich das, was sich in seinem Bewußtsein abspielt, bewahrt:

„Schändliche Mordtaten werden unserem Volke nur Schaden und Verachtung einbringen. Es wird nicht gelingen, eine Nation einzuschüchtern, die sich rühmt, niemals vor einer Drohungen zurückgewichen zu sein [...] Mord aus dem Hinterhalt ist immer nur gemein und abscheulich, und jeder Mord ist immer nur Verbrechen und Untat. Ein im Namen des Volkes begangener Mord zersetzt das Leben und die Lebenshoffnung eben dieses Volkes ..."[248]

Man muß darauf hinweisen, daß Paula und Martin Buber von dem arabisch-jüdischen Konflikt direkt betroffen waren. Nach seiner Ankunft hat das Ehepaar zunächst in Talbiyeh, dem sogenannten „neuen Viertel" von Jerusalem, gewohnt. Auf die Frage von Eduard Strauß, ob die beiden dort nun noch „sicher" seien, antwortet Buber mit dem ihm eigenen Sarkasmus, Bomben arabischer Terroristen fielen überall. Aber mit dieser Unsicherheit könne man „bemerkenswert gut" leben. 1942 sind die Bubers auf Paulas Wunsch aus dem jüdischen in den arabischen Teil der Stadt nach Dir Abu Tor umgezogen. Sie wohnen jetzt im Haus des Jussuf Wahab Dajani, auf jenem Hügel gegenüber dem seit den Tagen Abrahams für Juden und Moslems gleichermaßen geheiligten Gelände des Berges Moriah.

„Das Haus (ist) ein altmodischer Kasten, weithin sichtbar mit phantastischem Blick auf den Tempelberg, was im neuen Jerusalem sonst nirgends der Fall war. Man sah die Al Aksa-Moschee und selbst den Felsendom über dem Stein, auf dem Alt-Abraham den kleinen Izschak dem Herrn schlachten wollte, was Er (Gott) sich ein für allemal verbat. Die Aussicht aus dem Arbeitszimmer war wahrlich eines Martin Buber würdig. Noch großartiger soll sie vom Dach aus gewesen sein [...] Drinnen tat sich ein kleines Höfchen am Berghang auf mit einem Brunnen. Die Innenräume waren wiederum groß, hoch, repräsentabel; der Salon mit schweren Möbeln prachtvoll. Das Arbeitszimmer war mehr denkwürdig als elegant; es wirkte altertümlich – man dachte ein bißchen an ‚Faust'."[249]

Unter den deutsch-jüdischen Emigranten bleibt die großbürgerliche Eleganz der Buberschen Wohnverhältnisse nicht ohne Kritik, und es läuft der Witz um, eine so luxuriöse Behausung könne sich wohl nur ein religiöser Sozialist leisten.

Als die ersten Kugeln einschlagen und ehe von Dir Abu Tor aus das jüdische Jerusalem nicht mehr zu erreichen ist, sehen sich die Bubers gezwungen, abermals umzuziehen: diesmal in die Grete Ascher-Pension, in einen Stadtteil des modernen Jerusalem.

Später, beim Kampf um die Heilige Stadt, benutzt die Haganah die Bücher aus Bubers Bibliothek als Schutz gegen arabische Kugeln.

Buber scheint unter seinen arabischen Nachbarn recht beliebt gewesen zu sein, sie nennen ihn „den alten Heiligen". Nachdem Paula und er weggezogen sind, kümmert sich Jussuf Wahab Dajani darum, daß Martin Bubers wertvolle Bibliothek in den Kriegswirren im großen und ganzen unversehrt bleibt. Dabei spielt sich bei dem Vordringen der Araber folgende Szene ab:

„Nachdem die Bubers abgefahren waren, schloß Dajani das Zimmer ab, in dem sich Bubers Bibliothek befand. Einige Tage später kamen irakische Truppen in das Haus. ‚Wo sind die Juden, die hier gelebt haben?' fragten sie. ‚Die sind nicht mehr hier', antwortete Dajani. Eine Hausdurchsuchung folgte. ‚Was ist in diesem geschlossenen Raum?' fragte ein irakischer Soldat. ‚Halt!' sagte Dajani. ‚Hinter dieser Tür befindet sich die große Bibliothek von Professor Buber über die Geschichte der Religionen. Sie werden mich töten müssen, wenn Sie in diesen Raum hineinwollen.' ‚Nun, wofür halten Sie uns?' fragte der irakische Captain. ‚Denken Sie, wir sind Barbaren?' Er zog sich sofort zurück."[250]

Auch im Ausweichquartier der Universität im Gymnasium Rechawja pfeifen dem Lehrenden und seinen Studenten gelegentlich Kugeln um die Ohren. All das kann Buber nicht dazu bestimmen, Jerusalem zu verlassen. Obwohl das, was er früher in Hitlerdeutschland erlebt hat, im Vergleich zu den Lebensumständen jetzt „wie eine fromme Idylle" erscheint, erklärt er:

„Wenn man mir auch ein Flugzeug vor die Haustüre senden würde, so würde ich dieses Jerusalem, in dem das geschah, was ich vermeiden wollte, doch nicht verlassen."[251]

Was seinen politischen Standpunkt angeht, erfahren wir aus einem Brief vom Januar 1948 an Ernst Simon, angesichts der „Taten unseres – konsequenterweise gerade hier besonders entfesselten – Mob, der immer erfolgreicher mit dem Gegenmob konkurriert oder durch die Entschlüsse und Nicht-entschlüsse unserer hiesigen ‚Führung', die ebenfalls der Gegenseite immer ähnlicher wird"[252], habe er mit einigen Gesinnungsfreunden der Presse einen Brief übergeben, von dem allerdings zweifelhaft sei, ob er veröffentlicht werde.[253]

Seine Befürchtungen, auch in Hinblick auf einen Sieg der Juden und die Möglichkeit eines Friedens, drücken die folgenden Sätze nur zu deutlich aus:

„Wir sehen uns der Gefahr gegenüber, daß der Friede, wenn er kommt, kein Friede sein wird; [...] Und wie wollen Sie dann, in der Epoche eines solchen Scheinfriedens, gegen den ‚Geist des Militarismus' kämpfen? [...] Und werden wir nicht rüsten und rüsten müssen, um dagegen gerüstet zu sein? Werden sich nicht unsere besten Kräfte darin aufzehren."[254]

Buber ist im Februar 1948 siebzig Jahre alt geworden, und in einem Glückwunschbrief erzählt Ernst Simon eine kleine Geschichte, die er offenbar auf das Geburtstagskind bezogen wissen will:

„Als man Mommsen zum 80. Geburtstag gratulierte: ‚Wie frisch Sie sind: Sie können noch schaffen', antwortete er: ‚Schaffen? Das ist gar nichts! Ich kann noch lernen!'"[255]

Aber 1949 bekennt er in einem Brief an Walter Goldstein, die Kriegswirren und Schrecken hätten ihn der Kraft beraubt, Menschen zu beraten.[256]

Inzwischen ist Paula und ihm von einem Nachbarschaftskomitee in Talbiyeh ein Haus zur Verfügung gestellt worden, in dem aber noch eine weitere Familie Unterkommen finden soll. So zieht schließlich die Enkelin Barbara mit ihrem Ehemann Zeev Goldschmidt ein.

Wenn sich Freunde und Bekannte über Bubers wahrhaft immense Publikationstätigkeit trotz aller Kriegswirren in dieser Zeit wundern, gibt er als Erklärung an, er schreibe eben jetzt aus dem Gedächtnis all jene Bücher, der er im Laufe vieler Jahre, bevor er nach Palästina gekommen sei, verfaßt, aber nicht geschrieben habe und die er nun hier einfach schreiben müsse.

Daß er überhaupt noch schreibt, dialogisch auf Freunde, Bekannte, Gegner reagiert, ist erstaunlich, aber die realistischer gestimmte Erklärung hat er selbst auch gegeben: „Die Arbeit" – in diesem Fall an den Buch „Zwei Glaubensweisen" – „hat mir geholfen, auch diesen Krieg, für mich den schwersten der drei, im Glauben zu überstehn."[257]

Über das Scheitern seiner politischen Konzeption kann er sich keine Illusionen gemacht haben.

Über eine halbe Million Araber werden nach Ende dieses Krieges von den Juden aus Israel vertrieben, eine fürchterliche moralische Hypothek. Daß sich Buber dennoch, wie am Anfang des Kapitels bekundet, zu dem nun entstandenen Staat der Juden bekannt hat, mag zunächst erstaunen. Schmerz, Zweifel, Kummer, vor allem auch um diesen Staat selbst, können unterstellt werden, im übrigen aber dürfte sich Buber der Propheten des Alten Testaments erinnert haben. Wie er selbst waren sie Rufer, auf die die Zeitgenossen nicht hörten, aber dennoch unbeugsame Verkünder des „Geistes" und eines biblischen Humanismus, der auf den Verlauf des Geschichtsprozesses nicht ohne Folgen geblieben ist.

Genauer muß noch auf das Verhältnis Martin Bubers zu dem Staatsgründer Israels, Ben Gurion, eingegangen werden.

Im März beruft Ben Gurion als erster Regierungschef Israels prominente Intellektuelle als seine Berater. Darunter ist auch Buber. Bald kommt es zu einer Meinungsverschiedenheit. Als Ben Gurion bestreitet, daß die Regierung eine direkte Rolle bei der Gestaltung einer der Moral verpflichteten Politik spielen könne, widerspricht ihm Buber. 1953 greift Buber die vorhergesehene Gesetzgebung zur Enteignung arabischen Landbesitzes an, die nur angeblich aus Sicherheitsgründen erfolgt.

Im gleichen Jahr töten israelische Soldaten bei einer Vergeltungsaktion im jordanischen Ort Kibya sechzig Männer, Frauen und Kinder.

Buber findet 1958 in New York für solche Untaten der Israelis Worte der harschen Kritik, wobei er dem angewandten Gesetz der Vergeltung die moralische Berechtigung abspricht. Er sagt:

„Oft hatten in früheren Zeiten arabische Horden Untaten dieser Art verübt, und meine Seele hatte mit den Opfern geblutet; hier aber ging es um unser eigenes, um mein eigenes Verbrechen, um das Verbrechen des Juden am Geist. Ich kann auch heute noch nicht daran denken, ohne mich schuldig zu fühlen. Zu schwach ist unser kämpferischer Glaube an den Geist gewesen, um die Ausbreitung und den Ausbruch der dämonischen Irrlehre zu verhindern."[258]

Ganz deutlich werden die unterschiedlichen Positionen von Buber und Gurion bei der sogenannten Jerusalem Ideologischen Konferenz im August 1957.

Ben Gurion spricht von der messianischen Vision der Erlösung als grundlegende Wahrheit jüdischer Geschichte. Da scheint er mit Buber, der diesen Punkt wiederholt in seinen Schriften betont hat, einig, aber doch nur scheinbar.

„Die erklärten liberalen Werte, die Ben Gurion dem Staat zuschrieb, wurden in Wirklichkeit nicht auf die arabische Minderheit angewendet", kennzeichnet Maurice Friedman den Unterschied.[259] Was Buber befürchtet – und was seither auch tatsächlich zunehmend geschehen ist: Es vollzieht sich eine selektive Bibelinterpretation zu Gunsten und zur Rechtfertigung der israelischen Machtpolitik.

Jetzt greift Buber Ben Gurion mit scharfer und abwertender Direktheit an:

„Er ist einer der Verfechter jener Art der Säkularisierung, die ihre Gedanken und Visionen so gewissenhaft kultiviert, daß sie die Menschen davon abhält, die Stimme des lebendigen Gottes zu hören. Die Säkularisierung nimmt die Form übertriebener ‚Politisierung' an. Diese ‚Politisierung' des Lebens trifft gerade den Geist selbst. Der Geist mit all seinen Gedanken und Visionen steigt herab und wird eine Funktion der Politik."[260]

Man muß die Ausdrucksweise hier ihrer Abstraktion entkleiden. Bubers Angriff läßt sich so verstehen: Man kann aus dem biblischen Text nicht nur die Geschichten von der Eroberung des Landes herausstellen und die moralisch-ethischen Gebote, die in ihnen zeitlos gegeben werden, ausklammern.

Wie fast immer wird Buber sehr anschaulich. All dies sei schon einmal dagewesen, beispielsweise als König Ahab falsche Propheten angestellt habe, deren Prophetie nur darin bestanden habe, die Staatspolitik abzusichern. Sehr deutlich grenzt Buber sich am Schluß seiner Rede von Ben Gurions Vorstellung ab, indem er sagt:

„Eine messianische Idee ohne die Sehnsucht nach der Erlösung der Menschheit und ohne den Wunsch, an ihrer Verwirklichung teilzunehmen, ist nicht mehr mit den messianischen Visionen der Propheten Israels identisch."[261]

Man muß sich klarmachen, was das bedeutet; nämlich den Vorwurf gegen eine Politik, die nur vorgibt, in der biblischen Tradition Israels zu stehen, tatsächlich aber einem Irrglauben anhängt. Und Bubers Vorwurf hat desto mehr Gewicht, weil es hier um einen „Eckpfeiler jüdischen Glaubens" – so Ben Gurions eigene Worte – geht.

Es ist wieder Bubers alter Kampf gegen eine nationalistisch interpretierte messianische Idee, der er als Gegenwert das Gewissen entgegenstellt, das sich nicht täuschen lasse. Seine eigene Reaktion legt eben davon beredtes Zeugnis ab.

So auch in der Affäre um Aharon Cohen, Marxist und prominentes Mitglied der Liga für jüdisch-arabische Verständigung und Kooperation. Cohen hat sich in seinem Kibbuz mit einem Geheimdienstmann der Sowjetunion getroffen und die Unterredung nicht den Behörden gemeldet, was ein Gesetz aus dem Jahre 1958 gebietet. Cohen ist der Verfasser einer Trilogie „Israel and the Arab

World", in der er sich mit der offiziellen Politik kritisch auseinandersetzt. Buber hat zu dem Buch ein Vorwort geschrieben.

Nach Cohens Verhaftung und der Anklageerhebung gegen ihn taucht die Vermutung auf, seine Bücher sollten unterdrückt werden.

Buber, zu diesem Zeitpunkt vierundachtzig Jahre alt, nimmt die anstrengende Reise nach Haifa auf sich, um als Charakterzeuge für den Angeklagten auszusagen. Er erklärt, jemand wie Cohen, den er über lange Jahre hin kenne, könne von seinem ganzen Wesen her unmöglich verräterisch gehandelt haben.

Zwar bewahrt Bubers Aussage Cohen nicht vor einer Strafe von fünf Jahren Gefängnis, aber die Richter des obersten Gerichtshofes wollen das Urteil dann entweder ganz aufgehoben oder um die Hälfte verkürzt sehen.

Buber ergreift die Gelegenheit eines Antwortbriefes auf Ben Gurions Glückwünsche zu seinem fünfundachtzigsten Geburtstag, um diesen um Begnadigung und Haftentlassung für den gesundheitlich angeschlagenen Aharon Cohen zu bitten. Ben Gurion weigert sich. Dann aber wird Zalman Shazar, ein Freund Bubers, Präsident Israels und erfüllt Bubers Bitte.

Die nie abreißenden Konflikte zwischen den beiden Männern scheinen rückblickend nur zu verständlich: Ben Gurion, der pragmatische Machtpolitiker aus Erfahrung, Überzeugung und Erinnerung an die Tragödie der europäischen Juden; Martin Buber, der Mann mit einem seismographischen Gewissen, das gerade beim Fehlverhalten seiner eigenen Landsleute besonders empfindlich reagiert.

Und noch eine weitere schwierige Aufgabe hat Martin Buber sich in diesen Jahren aufgeladen: Die Auseinandersetzung mit Deutschland, das zunächst noch ein besetztes Land ist und in dem es wenigstens einige Stimmen gibt, die darauf dringen, das ungeheuerliche Ereignis der Tötung der europäischen Juden zu reflektieren und den

Dialog mit den Überlebenden im jungen Staat Israel zu suchen.

Auch aus Bubers Verhalten angesichts dieser schwierigen Aufgabe ergibt sich die Berechtigung zu dem Untertitel, den ich für dieses Buch gewählt habe: Biographie eines deutschen Juden.

Sechster Exkurs

Juden und Christen – Dialog und Annäherung bei deutlichen Unterschieden

„Und was bin ich, daß ich mich vermessen könnte, hier zu ‚vergeben'!"

Martin Buber: Friedenspreisrede in Frankfurt/Main (1953)

„... daß ich mich [...] nachdrücklich gegen ein Zusammenwerfen des deutschen Volkes mit dem Mordgesindel der Gaskammern-Organisation gewendet habe und weiter wende."

Martin Buber an Hans Blüher (Januar 1955)

„Wie ich über Judentum und Christentum denke, wissen Sie ungefähr. Ich könnte mich insofern beinahe ebenso gut Jude nennen als Christ. Nur räume ich dem Christentum eine selbständigere Rolle ein als Sie, was Sie ja gewiß begreifen ..."

Martin Buber: Brief an Leonhard Ragaz (26. Februar 1943)

Der Widerwille, deutschen Boden zu betreten, scheint bei Martin Buber nach Ende des Zweiten Weltkriegs zunächst absolut gewesen zu sein. 1947 kommt er auf einer Vortragsreise nach Dänemark, Schweden, England, Frankreich und in die Schweiz.

Nachkriegsdeutschland besucht er zunächst nicht. Für ihn, in dessen Denken der Begriff der „Umkehr" eine wichtige Rolle spielt, ist das Angebot der „Aktion Sühnezeichen", in Jerusalem eine Synagoge zu bauen – das Projekt kommt durch die Ablehnung der Jerusalemer Gemeinde schließlich doch nicht zustande –, ein erster Hinweis auf Menschen in Deutschland, die dazu bereit sind.

1949 erreichen ihn mehrere Einladungen, unter anderen von dem Theologen Karl Heinrich Rengstorf, Professor für Neues Testament und Geschichte und Literatur des Judentums in Münster, und von einem alten Freund, dem Schriftsteller Alfred Döblin.

Noch antwortet Buber, der durchaus einzelnen Menschen in Nachkriegsdeutschland Hilfe und Beistand gewährt hat, zögerlich: „Ich kann mich jedoch nicht dazu entschließen, an der Tätigkeit deutscher öffentlicher Institutionen teilzunehmen, denn dies erfordert einen Grad der Verbundenheit, zu dem ich mich nicht befähigt fühle."[262]

Daß er dann im Februar 1952 den Goethepreis der Universität Hamburg persönlich entgegennimmt, wird von der Judenschaft in der ganzen Welt als Affront empfunden. Vielleicht auch nicht zuletzt deshalb, weil Buber die Preissumme der Monatszeitschrift „Ner" spendet, die sich für eine Verständigung zwischen Juden und Arabern einsetzt. Bei der Ablehnung zu einem weiteren Vortrag in Hamburg 1952 ist ein psychologisch-phobienhaftes Moment spürbar. An Bruno Snell schreibt Buber:

„So sehr es mir gewährt ist, in jeder echten Begegnung mit einem deutschen Menschen ihn als Person rückhaltlos anzunehmen, und demgemäß auch, mit jedem aus solchen Personen gebildeten Kreis zu kommunizieren, so ist es mir doch bisher nicht möglich geworden, die seit den Vorgängen von 1938 ff. für mich bestehende Antlitzlosigkeit der deutschen Öffentlichkeit zu überwinden. Ein nicht durch intentionale Auslese zusammengeschlossenes Publikum, wie etwa die Studentenschaft einer Hochschule, erfüllt für mich die unerläßliche Voraussetzung nicht, unter der allein ich öffentlich zu sprechen vermag: jedes Gesicht, dem ich mich zuwende (und ohne solche immer neue Zuwendung kann ich überhaupt nicht reden), als das meines rechtmäßigen Gegenüber betrachten zu dürfen. Unter den Lasten, die mir die Geschichte dieser Zeit auferlegt hat, empfinde ich diese als eine der schwersten ..."[263]

Als aber der Börsenverein des Deutschen Buchhandels Buber 1953 mit dem Friedenspreis auszeichnet, nimmt er diesen an, wohl wissend, daß er damit abermals heftige Kritik in Israel heraufbeschwört. Offenbar ist nun eine grundsätzliche rationale Entscheidung in seiner Haltung zu den Deutschen auch notwendig geworden.

In seiner Rede mit dem Titel „Das echte Gespräch und die Möglichkeiten des Friedens" kennzeichnet Martin Buber drei Verhaltensweisen von Menschen in Deutschland während des Dritten Reiches, eine Aussage, die nicht zuletzt deshalb besonderes Gewicht hat, da er ja selbst noch einige Jahre die Zustände in Deutschland miterlebt hat. Es fällt der schwerwiegende Satz, der den dann folgenden Differenzierungen der Verhaltensweisen von Deutschen während der Nazizeit vorangestellt ist:

„Und was bin ich, daß ich mich vermessen könnte, hier zu ‚vergeben'!"

In der Paulskirche sagt er weiter:

„Wenn ich an das deutsche Volk der Tage von Auschwitz und Treblinka denke, sehe ich zunächst die sehr vielen, die wußten, daß das Ungeheure geschah, und sich nicht auflehnten; aber mein der Schwäche des Menschen kundiges Herz weigert sich, meinen Nächsten deswegen zu verdammen, weil er es nicht über sich vermocht hat, Märtyrer zu werden."[264]

Dieses Urteil ist hier offenbar ganz und gar von seinem Humanismus bestimmt, dennoch scheint mir aus der Sicht eines Deutschen eine gewisse Korrektur gestattet. In vielen Fällen hätte es eines Märtyrertums gar nicht bedurft, sondern nur eines Mehr an Zivilcourage, aber auch das dürfte, da er es an anderer Stelle selbst aussprach, Buber bekannt gewesen sein.

Er fährt dann fort:

„Sodann taucht vor mir die Menge all derer auf, denen das der deutschen Öffentlichkeit Vorenthaltene unbekannt blieb, die aber auch nichts unternahmen, um zu erfahren, welche Wirklichkeit den umlaufenden Gerüchten entsprach; wenn ich diese Menge im Sinn habe, überkommt mich der Gedanke an die mir ebenfalls wohlbekannte Angst der menschlichen Kreatur vor einer Wahrheit, der sie nicht standhalten zu können fürchtet."

Wiederum ein sehr nachsichtiges Urteil, da man doch heute sicher sagen und belegen kann, daß die Zahl derer, die wußten oder nichts wissen wollten, groß gewesen ist.

Geht man weiter, so wäre zusätzlich auf jene Deutschen hinzuweisen, die, als nach 1945 kein Verbot mehr bestand, zu fragen, zu hören und die Zeugnisse für das Geschehene zu sehen, aus „Angst vor der Wahrheit" das Geschehen des Holocaust erfolgreich verdrängten und so dazu beitrugen, daß eine „Umkehr" nicht oder höchstens abgeschwächt erfolgte.

Buber vergißt in seiner Rede jene nicht, „die sich weigerten, den Befehl auszuführen oder weiterzugeben und den Tod erlitten, oder die erfuhren, was geschah, und weil sie nichts dawider unternehmen konnten, sich den Tod gaben. Ich sehe diese Menschen ganz nah vor mir, in jener besonderen Intimität, die uns zuweilen mit Toten, und mit ihnen allein, verbindet; und nun herrscht in meinem Herzen die Ehrfurcht und die Liebe zu diesen deutschen Menschen."

Am Ende seiner Rede findet er Worte der Hoffnung. Die Völker müssen zum echten Gespräch miteinander finden. Daß sie es nicht „miteinander führen können, ist nicht bloß das aktuellste, es ist auch das uns am dringendsten anfordernde Phänomen der Pathologie unserer Zeit. [...]

Zum Beginnen des Gesprächs sind naturgemäß jene berufen, die heute in jedem Volk den Kampf gegen das Widermenschliche kämpfen. Sie, die die ungewußte große Querfront des Menschentums bilden, sollen sie bewußt machen, indem sie rückhaltlos miteinander sprechen, nicht über das Trennende hinweg, sondern entschlossen, es gemeinsam zu tragen."[265]

Laudator in der Paulskirche ist der Pfarrer und Lyriker Albrecht Goes, der sich als junger Mensch im August 1934 in seiner Gewissensnot an Buber gewandt und ihn gefragt hatte:

„Sagen Sie, Herr Doktor, in welcher Haltung ist dem Verantwortlichen geboten in der Welt zu stehen – ich spreche nicht aus, wieviel unmittelbar Aktuelles mich immer tiefer in diese Frage treibt –, ich meine in der Welt, die von einer anderen Grundformel aus gebaut zu sein scheint, die eine ganz andere Sprache spricht, die einfach anders ist. Ist uns einzig die passive Haltung geboten, die diese Welt gehen und gelten läßt, auch in dem, worin nicht geschwiegen werden kann, oder ist dem Verantwortlichen irgendeine Aktivität erlaubt, die den Versuch macht, dem Widerstand die Würde, die Wehr und das neue Werben entgegenzustellen? Ich frage Sie, ein sehr junger Mensch, der sich einfach nicht mehr recht zurechtfindet in dem Anderssein dieser Zeit, ob Sie, ein so – lassen Sie mir das Wort, das sonst nicht geführt wird – weiser Mensch mir nicht sagen können, ob ich ‚dem Unheilbaren nicht soll Arzt sein wollen'? Aber ist denn irgend eine von den Lebensformen, die mir in meinem Amt begegnen und die sehr konträr sein mögen, unheilbar? Oder habe ich menschlich, seelsorgerlich einen Auftrag" zu erfüllen?[266]

Was sich hier notwendigerweise aus der damaligen politischen Situation heraus verklausuliert darstellt, ist nichts anderes als die große Frage, wie man sich gegenüber einem inhumanen System verhalten solle?

Buber antwortete damals auf einer Postkarte, die nicht erhalten ist. Goes erzählt: „Die Antwort – das weiß ich noch wohl – kam damals bald, auf offener Postkarte; sie verwies darauf, daß hier mündlich manches zu klären wäre – und dann stand dort, in der wunderbaren, später so vertraut gewordenen Handschrift das ‚Du sollst dich nicht vorenthalten'."[267]

Auf die Kritik, die Martin Buber nicht nur von Juden in Israel, selbst von Freunden nicht zuletzt wohl auch deswegen, weil er die Preissumme wiederum für die Arbeit an der Verständigung zwischen Israelis und Arabern stiftet, entgegenschlägt, antwortet er:

„Meine Gesinnung gebietet mir, kein Volk als Volk zu verdammen, wie die christlichen Kirchen so oft das jüdische Volk insgesamt als Messiasmörder verdammt haben", denn man müsse zwischen den aktiv Schuldigen, den passiv Schuldigen und den Nichtschuldigen unterscheiden. „Ich sage nicht ‚unschuldig', das ist keiner."[268]

An dieser Antwort wird deutlich, daß der Dialog über die Schuld am Massenmord der Juden und das Verhalten dazu noch mit einem anderen Problem in engem Zusammenhang steht: dem Verhältnis zwischen Christentum und Judentum.

Es ist bezeichnend für Bubers Denken in dieser Zeit, daß er 1950 in der Schrift „Zwei Glaubensweisen" dieses Problem zu klären versuchte. Das Buch hat drei Ziele:

„Die religiöse Botschaft des Judentums vom Alten Testament her verständlich zu machen, die Botschaft Jesu als ein zu dieser jüdischen Welt gehöriges Phänomen zu erhellen und die Theologie der Apostel, vor allem des Paulus, als eine andersartige, durch einen Abgrund von den beiden geschiedene Größe zu erweisen."[269]

Mit einem anschaulichen Vergleich kennzeichnet Arthur A. Cohen, ein jüdischer Laientheologe, die Eigenart des Judentums: „Der Lackmus-Test für einen gläubigen Juden ist, ob er oder sie erwartet, daß der Messias kommt."

Buber selbst aber beschreibt den Unterschied zwischen Judentum und Christentum so:

„Da ist der Jude für den Christen unverständlich als der Verstockte, der nicht sehen will, was sich begeben hat, unverständlich der Christ dem Juden als der Verwegene, der in der unerlösten Welt ihre vollzogne Erlösung behauptet."[270]

Eine Verständigung ist nach Buber dann möglich, wenn beide Seiten bereit sind, jeweils des anderen „Realverhältnis zur Wahrheit anzuerkennen", wenn es „uns, Christen und Juden, wirklich um Gott selber und nicht bloß um unsre Gottesbilder zu tun ist".[271]

Der Unterschied läßt sich vor allem an den jeweiligen Vorstellungen von Jesus festmachen. Buber glaubt bei aller Achtung gegenüber Jesus – er schreibt, er habe Jesus von Jugend auf als seinen großen Bruder empfunden – nicht daran, daß sich Jesus selbst für göttlich gehalten habe. Der Glaube, den er gepredigt habe, sei der des jüdischen Emuna, des unbedingten Vertrauens zur Gnade, gewesen. Später dann hätten Paulus und Johannes den Glauben an Christus (pistis) als die einzige Möglichkeit zur Erlösung hingestellt, damit aber die für die Juden außerordentlich wichtige unmittelbare Beziehung zwischen Gott und dem Menschen in den Schatten treten lassen. Maurice Friedman kommentiert: „Buber sah Jesus als jemanden, der verlangte, daß der Mensch über das, was normalerweise seine ganze Fähigkeit ausmachte, hinausgeht, um bereit zu sein, in das sich nähernde Königtum Gottes einzutreten."[272]

Buber verweist also auf eine jüdische Sichtweise von Jesus, die sich grundsätzlich von der des Paulus, die von griechischen Traditionen geprägt sei, unterscheide. Paulus habe argumentiert, der Mensch sei unfähig, die Regeln Gottes zu erfüllen, somit seien alle Menschen sündig, Rettung und Erlösung komme durch Jesus.

Für die Juden stehe Jesus freilich in der Tradition ihrer Messiaserwartung, sei aber nicht der von ihnen erwartete Messias.

Dazu heißt es bei Buber:

„Ich glaube fest daran, daß die jüdische Gemeinde im Zug ihrer Wiedergeburt Jesus rezipieren wird; und zwar nicht bloß als eine große Figur ihrer Religionsgeschichte, sondern auch im lebendigen Zusammenhange eines sich über die Jahrtausende erstreckenden messianischen Geschehens, das in der Erlösung Israels und der Welt münden wird. Aber ich glaube ebenso fest daran, daß wir Jesus nie als gekommenen Messias anerkennen werden, weil dies dem innersten Sinn unserer messianischen Leidenschaft, also eben dem, was Ragaz[273] an uns so wichtig für das Kommen des Reiches Gottes erscheint, widersprechen würde [...] Am Schandpfahl der Menschheit stehend, gegeißelt und gefoltert, demonstrieren wir mit unserem blutigen Volksleib die Unerlöstheit der Welt. Für uns gibt es keine Sache Jesu, nur eine Sache Gottes gibt es für uns."[274]

11

Lebensende: Ruhm in aller Welt. Kritik. Der Tod

„Soweit meine Selbsterkenntnis reicht, möchte ich mich einen atypischen Menschen nennen."

Martin Buber: Antwort – Persönliche Determination (1963)

„... unter Theologie läßt sich doch wohl nur eine Lehre von Gott verstehen, sei sie auch nur eine ‚negative', die dann etwa, statt als Lehre vom Wesen Gottes, als Lehre vom Worte Gottes, dem Logos, auftritt. Ich aber bin durchaus nicht befähigt noch auch befugt, so oder so von Gott zu lehren."

Martin Buber: Antwort – Persönliche Determination (1963)

Mit Ende des Sommersemesters 1951 beendet Buber offiziell seine Lehrtätigkeit an der Hebräischen Universität zu Jerusalem. Er hat dadurch in den folgenden Jahren die Möglichkeit, jenen Einladungen nachzukommen, die ihn aus aller Welt erreichen.

1956 unternimmt er wiederum eine Europareise, 1957 hält er in Washington an der School of Psychiatry vier Vorträge zu dem Thema „Was kann die Anthropologie zur Psychiatrie beitragen?"

Die Probleme, die hierbei aufgeworfen werden, sind komplex und können hier nur skizziert, nicht aber in ihren weitreichenden „Ausstrahlungen" auf die berührten Sachgebiete dargestellt werden. Diese werden sich Interessierten nur durch die Lektüre der Originaltexte erschließen. Hier wird also nur skizzenhaft umrissen, worum es in ihnen geht:

Buber führt zunächst zwei Begriffe ein: das Sein und das Scheinen. Im „Sein" offenbart ein Mensch, was er wirklich ist, im „Scheinen“ das, als was er angesehen werden möchte, um von anderen bestätigt zu werden. Die Versuchung, dem Scheinen nachzugeben, ist die eigentliche Feigheit des Menschen. Statt Gespräche zu führen, so Buber, finde zwischen den meisten Menschen heute nur „Gerede“ statt. Verbunden damit ist auch eine gewisse Kritik an der Psychoanalyse, die, seiner Meinung nach, das psychische Geschehen, hinter dem die vielschichtige Persönlichkeit stehe, auf einfache Formeln reduziere. Dem setzt er als Möglichkeit der Erkenntnisgewinnung über die Person des anderen die „Realphantasie“, eine mehr imaginativ bestimmte Haltung, entgegen, bei der auch das eigene Sein gefordert ist.

Die dritte und vierte Vorlesung, „Schuld und Schuldgefühle“ und „Dem Gemeinsamen folgen“, stehen in einem engen Zusammenhang miteinander.

Buber unterscheidet neurotische Schuld, die sich aus dem Verstoß gegen kulturelle Tabus ergibt – in seiner Formulierung „jene angsteinflößenden Popanze, die in der Höhle des Unbewußten hergestellt werden“[275] –, und existentielle Schuld, die man als Person durch ein schuldhaftes Verhalten gegenüber einer anderen Person – durch die Verletzung dessen, was wir als Grundlage der eigenen und aller menschlichen Existenz anerkennen – auf sich lädt.

Letzteres ist für ihn ein Eingriff in, eine Verletzung der menschlichen Seinsordnung, die kein anderer heilen kann als derjenige, der diese Verletzung hervorgerufen hat.

Anders als Freud und Jung ist für Buber das Unterbewußte nicht etwas ausschließlich Seelisches, sondern ein Bereich, in dem die Ganzheit von Physis und Psyche noch vorhanden ist.

Überhaupt kritisiert er die Vorstellung, sich die Psyche als so etwas wie einen Raum vorzustellen. Jung wirft er vor, sich hier auf falsche Vorstellungen fixiert zu haben. Er sieht in Freud wie in Marx jene großen Vereinfacher, die eine allgemeine Konzeption an die Stelle der immer erneut nötigen Erforschung der Wirklichkeit setzen.[276]

Träume sind für Buber vor allem durch zwischenmenschliche Beziehungen, besonders aber durch die vom Patienten zum Therapeuten, bestimmt. Beachtenswert auch sein Versuch, einen Zustand zu definieren, der nicht Schlaf oder Traum ist, „Nächte von außerordentlicher Klarheit ohne Schlaf", in denen eine Art von Problemlösung stattfindet wie sonst im Traum. Maurice Friedman mutmaßt, daß Buber hier gewissermaßen einen Ersatz für seine aufgegebene Beschäftigung mit der Mystik gefunden habe.[277]

Für die Zukunft prophezeit Buber einen Typ von Therapeuten, der nicht an die Regeln einer bestimmten Schule gebunden sein wird, sondern von Patient zu Patient nach anderen Regeln, nach „zuhörendem Gehorsam"[278], vorgeht.

Buber ist nun 80 Jahre alt. Seine Person und sein Schaffen werden weltweit gewürdigt.

Im August 1958, als das Ehepaar Buber auf der Rückreise von einem weiteren USA-Besuch in Venedig Station macht, stirbt Paula Buber dort an den Folgen einer Gehirnthrombose.

Der Verlust der Gefährtin trifft Buber besonders schwer. Hans Jonas, ein Freund des Paares, bekundet in seinem Kondolenzschreiben, er habe niemals eine „vollkommenere Gemeinschaft von Zweien gesehen, die in der Bejahung des Andern bleiben was sie sind". Der Segen jenes unendlich Gemeinsamen müsse hinüberreichen in die nunmehrige, endliche Vereinsamung.[279]

Zu solcher Vereinsamung kommt es nicht, denn da sind Kinder, Enkelkinder, alte Freunde, nun auch Schüler, da ist die briefliche Kommunikation mit einer Vielzahl von Freunden. Doch so viele Briefe beantworten zu müssen, gereicht ihm nicht nur zur reinen Freude. Buber muß auch hier dem Alter seinen Tribut zollen.

„Sein Alter überwächst ihn", wird Werner Kraft als Gesprächspartner im Mai 1964 feststellen. Kraft erstaunen die apodiktischen Urteile zu Dichtern und früheren Zeitgenossen aus der Zeit um 1900, deren Bedeutung Buber mit dem einen Wort „Schwabing" vom Tisch wischt.

Es findet nun ein gewisser Verfall der geistigen Kräfte statt. Das bestätigt auch Grete Schaeder im Vorwort der Briefausgabe:

„Bubers Arbeitsdisziplin und feste Tageseinteilung waren bewundernswert. Auch der Erledigung der Korrespondenz war täglich eine gewisse Zeit vorbehalten. Aus allen Ländern schickten ihm Menschen, bekannte und unbekannte, Briefe, Publikationen, Anfragen ins Haus; er kämpfte unermüdlich gegen die Flut an und bemühte sich, jedem Antwort zukommen zu lassen, ein paar Worte des Dankes, der Ermutigung, des persönlichen Rates. An Freunde schrieb er bis zu seiner Staroperation mit der Hand, in der schönen, schwungvollen Schrift, die bis zuletzt fest und klar blieb [...] Aber es ist erschütternd, wie ein Mann, der immer ein Gegner der festen Formen und ein Verfechter der spontanen Äußerung war, zuletzt immer häufiger die gleichen Wendungen gebrauchte, die einmalig und persönlich klangen, wie er sich im Netz der eigenen Formeln verfing."[280]

Und dann sind da im letzten Lebensjahrzehnt doch noch einige Ereignisse, die das Profil der Persönlichkeit Bubers scharf beleuchten und die deshalb hervorgehoben und ausführlicher betrachtet werden sollen.

Die Preise, die weltweite Anerkennung, Ehrendoktortitel, die Bewunderung durch viele Intellektuelle – in den USA mehr als in Israel –, all dies dürfte für den Greis häufig auch eine Belastung gewesen sein.

Genugtuung aber muß ihm der Abschluß der Verdeutschung der „Schrift" bereitet haben, die schließlich zwischen 1962 und 1964 in vier Bänden in Deutschland erscheint.

Schon am 16. Februar 1961 aber, kurz nach Bubers 83. Geburtstag, versammelt sich bei ihm ein kleiner Freundeskreis, und Gershom Scholem setzt zu einer Würdigung dieser gewaltigen Arbeit an, in der sich Lob und Kritik zumindest die Waage halten. Scholem kritisiert darin wiederum eine „übertriebene und darum falsche Feierlichkeit"[281] der Sprache. Er sieht die gestellte Hauptaufgabe, dem deutschen Leser die hebräische Bibel nahezubringen, letztlich als unlösbar an; dafür sei es vielmehr erforderlich, Hebräisch zu lernen; er rühmt die Worttreue und die Hereinnahme des Kommentars in die Übersetzung sowie den Geist althebräischer Gottesfurcht, der vor allem bei der Behandlung des Gottesnamens sichtbar werde. Aber er fragt auch, ob das Werk eines zionistischen und eines nichtzionistischen Juden, der symbolische Akt der Dankbarkeit deutscher Juden an das deutsche Volk, nicht deshalb vergebens gewesen sei, weil die Juden, für die Buber übersetzt habe, in Deutschland nicht mehr existierten. Sie sind im Holocaust ausgerottet worden. „Die Kinder derer, die diesem Grausen entronnen sind, werden nicht mehr Deutsch lesen"[282], behauptet Scholem. Von dieser Konstellation her richtet er die Frage an Buber: Was werden die Deutschen mit seiner Übersetzung anfangen?

Buber antwortet: „Im Gebiet des Geistes müssen alle Prognosen dessen gewärtig sein, daß sich ihnen ein Fragezeichen anhängt."[283]

Er verweist dann auf einen Aspekt, den Franz Rosenzweig in den Jahren der Entstehung der Übersetzung ins Spiel brachte:

„Er [Rosenzweig] hat zwar nicht mit der Möglichkeit dessen gerechnet, was dann in der Hitlerei Gestalt gewann, wohl aber hat er die Vulgarisierung eines geistigen Prozesses genau erkannt, die dann in die Tätigkeit der ‚Deutschen Christen' und der weitergehenden ‚Deutschen Glaubensbewegung' ihren freilich recht problematischen Ausdruck fand.

Es geht um die Loslösung von einem schaffenden und seiner Schöpfung offen bleibenden Gott als einem nur ‚Gerechten', nicht ‚Liebenden' und damit vom Alten Testament – eine Tendenz, die auf den christlichen Gnostiker Marcion zurückgeht daher in ihren modernen Ausprägungen als Neomarcionismus bezeichnet werden kann. Rosenzweig schreibt an mich schon während der Arbeit am Genesis-Band (29. Juli 1925): Ist Ihnen eigentlich klar, daß heut der von den neuen Marcionisten theoretisch erstrebte Zustand praktisch schon da ist? Unter Bibel versteht heut der Christ nur das Neue Testament, etwas mit den Psalmen, von denen er dann noch meint, sie gehörten zum Neuen Testament. Also wir werden missionieren."[284]

Buber, der sonst jede Missionierung ablehnt, ist hier selbst noch gegen sein Lebensende hin durchaus mit Rosenzweig einer Meinung. Auch er setzt auf eine Missionierung durch „Die Schrift", worunter er eben die Wirksamkeit des geistigen Gehalts, der in die Übersetzung eingeschrieben worden ist, versteht.

Von heute her gesehen wird man diese Überzeugung wohl eher skeptisch beurteilen müssen. Unser Zeitklima mit seiner Hektik und Lust an ablenkenden „Events" scheint wenig dazu angetan, daß sich diese Hoffnung Martin Bubers erfüllt. Aber vielleicht müssen wir auch von ihm lernen, in Kategorien des Ewigen zu denken, wollen wir uns nicht in einen absoluten Pessimismus ergeben.

Eine weitere Kontroverse – oder sagen wir besser Diskussion – hat sich zwischen Buber und Scholem in Fragen des Chassidismus abgespielt. Der Konflikt ist hier insofern verständlich, als Scholem jüdische Mystik und damit auch die Wurzeln des Chassidismus als Wissenschaftler untersucht, während Buber sich mit dem Chassidismus gewissermaßen als Sinnsucher und Poet auseinandergesetzt hat.

Die Kontroverse der beiden Männer über dieses Thema ist alt. Schon in den zwanziger Jahren hatte der junge Gershom Scholem in einer Reaktion auf Bubers chassidische Bücher gefordert, man müsse die Quellen sehen, um Original und literarische Bearbeitung vergleichen zu können. Auch in Gesprächen Rosenzweigs mit Buber hatte diese Forderung eine Rolle gespielt. Unterdessen hat Scholem selbst *das* wissenschaftliche Standardwerk[285] über die jüdische Mystik geschrieben und arbeitet an einem Buch über die Grundbegriffe der Kabbala. Im Mai 1962 veröffentlicht er einen Artikel in der „Neuen Zürcher Zeitung" mit der Überschrift „Martin Bubers Deutung des Chassidismus", in dem sich der provozierende Satz findet:

„Ich bin davon überzeugt, daß seine Auswahl dem Sinn seiner Botschaft so weit wie möglich entspricht. Ich bin nicht überzeugt, daß der Sinn seiner Botschaft, wie er ihn formuliert hat, der des Chassidismus ist."

Hauptkritikpunkt Scholems: Buber vernachlässige den geistigen Hintergrund, das kabbalistisch-gnostische Element, in seiner Darstellung so gut wie völlig. Mit anderen Worten: Buber habe den Chassidismus benutzt, um auf dessen Folie seine eigenen Vorstellungen zu projizieren.

Ein Jahr später legt der Historiker Rivka Schatz-Uffenheimer, ein Schüler Scholems, noch einmal nach. Bubers Werke seien „aus selektiven Fäden gewirkt"[286], er habe genommen, was ihm gepaßt habe, das sei nicht die Haltung eines wissenschaftlichen Historikers.

Buber verteidigt sich: Eine solche wissenschaftliche Perspektive eingenommen zu haben, habe er nie behauptet; er habe den Chassidismus als eine Möglichkeit verstanden, einen Ausweg aus der Glaubensnot der Zeit zu finden. „Ich habe es (den Stoff) durch mein Herz wie durch ein Sieb gehen lassen", zitiert ihn Gerhard Wehr[287] mit einem in diesem Zusammenhang vielsagenden Satz.

Buber selbst äußert dazu:

„Seit ich in meiner Beschäftigung mit dem Gegenstand zu einem gründlichen Quellenstudium gelangt bin, d. i. etwa seit 1910 (die früheren Arbeiten waren nicht hinreichend fundiert), habe ich mir nicht vorgesetzt, eine historisch oder hermeneutisch umfassende Darstellung des Chassidismus zu geben. Schon damals wuchs in mir das

Bewußtsein, daß meine Aufgabe ihrem Wesen nach eine selektive war. Zugleich aber gewann ich eine immer festere Gewißheit, daß das Prinzip der Selektion, das hier waltete, nicht einer subjektiven Vorliebe entsprungen war. In dieser Hinsicht ist meine Arbeit am Chassidismus wesentlich gleicher Art wie meine Arbeit am Judentum überhaupt. Von Leben und Lehre des Judentums habe ich das behandelt, was meiner Einsicht nach seine eigentliche Wahrheit und das für seine Funktion in der bisherigen und künftigen Geschichte des Menschengeistes das Entscheidende ist."[288]

Ein Streitpunkt mit Scholem[289] ist dessen Feststellung, daß der Chassidismus keine neue, in irgendeinem wesentlichen Punkte über die kabbalistische Überlieferung hinausgehende mystische Doktrin hervorgebracht habe.

Dazu Buber: In der Tat sei der Chassidismus, „auf seine Theorie hin betrachtet, ein erlauchtes Epigonentum. Aber auf das persönliche Leben seiner Führer hin betrachtet, wie wir es aus der beispiellosen Fülle von Aufzeichnungen ihrer Jünger, nach Ausscheidung des lediglich Legendären, zu rekonstruieren vermögen, bedeutet es das Aufbrechen einer mächtigen Ursprünglichkeit gläubigen Lebens, dem wir in der Religionsgeschichte nur sehr Weniges an die Seite zu stellen vermögen. Als ‚Wiederbelebungsbewegung' hat Scholem[290] die chassidische Bewegung bezeichnet. Aber wo hätte es je eine ‚Wiederbelebung' von solcher über sieben Generationen sich erstreckender Mächtigkeit der individuellen Lebensführung und des gemeindlichen Enthusiasmus gegeben? Vergleichen läßt sich, soweit ich sehe, jenem Teil des chassidischen Schrifttums, der vom Leben der Meister erzählt, nur das des Zen-Buddhismus, das des Sufismus (weniger), das des Franziskanertums; aber in keiner von diesen Bewegungen finden wir eine Dauerstärke der Vitalität und eine Umfassung des menschlichen Alltags wie hier. Und dazu kommt, daß hier und nur hier es nicht das Leben von Mönchen ist, das berichtet wird, sondern das Leben von verehelichten, kinderzeugenden geistigen Führern, die an der Spitze von aus Familien zusammengesetzten Gemeinden stehen."[291]

Eine erhellende Äußerung zu der Auseinandersetzung zwischen Buber und Scholem stammt von Walter Kaufmann, Professor an der Universität in Princeton, dem Herausgeber von „Ich und Du" in den USA:

„Bubers Chassidim waren allen Chassidim, die heutzutage irgendwo aufzufinden sind, völlig unähnlich, und die innere Wahrscheinlichkeit, daß in den Ländern, in denen der Chassidismus um 1800 in Blüte stand, Menschen dieser Art gelebt hätten, war praktisch gleich Null. Als die Fachleute ihre negative Stellungnahme bekanntgaben, fühlte ich mich nicht betrogen und war nicht der Meinung, daß ich an Bubers Aufsätzen meine Zeit vergeudet hätte. Bubers Schriften über den Chassidismus haben drei notwendige Funktionen erfüllt.

Erstens dienten sie als Einleitungen und Kommentare zu seinen Sammlungen. Wenn es lohnte, die Sammlungen zu besitzen, so kam auch diesen Schriften ein wichtiger Platz zu.

Zweitens legen diese Abhandlungen einen möglichen Sinn religiöser Existenz dar und erweitern damit unsere Begriffe von religiösem Leben. Vergleichen wir sie mit *Varieties of Religious Experience* von William James, mit Rudolf Ottos Buch *Das Heilige* und der Menge von Literatur über die Mystik, die in der ersten Hälfte unseres Jahrhunderts erschienen ist, dann können Bubers Arbeiten ohne weiteres als wichtige und lehrreiche Beiträge gleichen Ranges gelten.

Und schließlich war es Buber, der das Thema als erster aufnahm. Er verhält sich zu Scholem wie Moses zu Josua."[292]

Zwei Ereignisse sind es schließlich, bei denen sich Buber in Vorgänge der Tagespolitik einmischt und die seinen Standpunkt, sein Denken und sein Bewußtsein nachdrücklich erhellen.

1958, kurz nach seiner Wiederwahl zum Generalsekretär der Vereinten Nationen, liest Dag Hammarskjöld eine eindrucksvolle Stellungnahme Bubers gegen die Apartheidpolitik in Südafrika. Am 1. Mai 1958 treffen sich beide Männer am Sitz der Vereinten Nationen. Was Hammarskjöld mit Buber vor allem verbindet ist ein Aufbegehren gegen die „Scheinsprache der Vertreter von Staaten und Staatengruppen, die in der unveränderlichen Routine aneinander vorbei zu den Fenstern hinausreden“[293], gegen eine politische Sprachkrankheit, die viel zur immer erneuten Gefährdung des Friedens beitrage.

1958 besucht Hammarskjöld Buber in Jerusalem, im Juli 1959 schlägt er ihn mit einem umfangreichen Memorandum für den Nobelpreis vor. Gerade was die chassidischen Bücher angehe, so urteilt Hammarskjöld, habe Buber die westliche Literatur mit etwas Dauerhaftem und Reichem versehen.

Von „Ich und Du“, das ihn begeistert, will er eine Übersetzung anfertigen. Das Original und den Übersetzungstext hat Hammarskjöld bei sich, als er im September 1961 auf einer Friedensmission bei einem Flugzeugabsturz im Kongo ums Leben kommt. Buber scheint durch die Begegnungen mit und durch den tragischen Tod Hammarskjölds bestimmt worden zu sein, sich noch einmal nachhaltig in die Tagespolitik als Mahner für den Frieden und gegen die Verfolgung von Minderheiten einzumischen. Es gibt eine Vielzahl von Aktionen, Aufrufen und Kongressen, auf denen Buber in der Ära des Kalten Krieges zur Humanität mahnt. So zugunsten der russischen Juden, zur Errichtung einer atomwaffenfreien Zone im Nahen Osten, 1963 mit dem Vorschlag, die Methoden des zivilen Ungehorsams auf die aktuelle Tagespolitik überall dort anzuwenden, wo der Menschheit durch die atomare Konfrontation besondere Gefahr drohe:

Die militärische Aufrüstung auf allen Seiten des Kalten Krieges könnte eine derartige Automatik erreichen, daß sie „den menschlichen Kosmos in ein Chaos“ verwandelt,

„über das hinaus wir nicht mehr zu denken vermögen. Können die Gebieter der Stunde dem Getriebe, das sie nur zum Schein beherrschen, Halt gebieten? Werden sie noch rechtzeitig den pantechnischen Krieg verhüten können? Mit anderen Worten: Werden sie statt des üblichen ‚politischen' Aneinandervorbeiredens über mächtige Fiktionen zueinander über die Wirklichkeit reden lernen, das heißt miteinander die wirklichen beiderseitigen Interessen klären, die gegensätzlichen und die gemeinsamen vergleichen und aus diesem Vergleich die Folgerungen ziehen, die heute schon jeder unabhängig Denkende zu ziehen vermag? Können aber, wie ich meine, die Gebieter der Stunde das nicht, wer soll hier noch rechtzeitig einspringen, wenn nicht die ‚Ungehorsamen', die der irregehenden Macht als solcher personhaft entgegentreten? Muß nicht eine planetarische Front solcher *civil disobedients* bereitstehn, bereit nicht wie sonst Fronten zum Kampf, sondern zum rettenden Gespräch?"[294]

Ein politisches Ereignis des Jahres 1961 gibt dem langwährenden Konflikt zwischen Ben Gurion und Buber wieder neue Nahrung. Der israelische Geheimdienst hatte die verantwortliche Person für die Organisation des Holocaust, Adolf Eichmann, aus Argentinien entführt und vor ein israelisches Gericht gestellt. Buber wendet sich gegen den Prozeß in Israel und argumentiert, das Verfahren gegen Eichmann müsse vor einem internationalen Gericht durchgeführt werden. Die Opfer des Holocaust könnten nicht juristisch über einen der Haupttäter befinden. Tatsächlich steht hinter seinem Standpunkt die Vorstellung: „Das Todesurteil hat Verbrechen nicht gemindert, im Gegenteil, all dies erbittert die Seelen der Menschen [...] Töten erweckt Töten."[295]

Am 15. Dezember 1961 verurteilt das israelische Gericht Eichmann zum Tode. Nicht nur aus formalrechtlichen Gründen ist Kritik an dem Urteil möglich; sie erfordert aber, wie vor allem die Reaktion von Juden in Israel und Amerika auf Hannah Arendts kritischen Bericht

„Eichmann in Jerusalem" beweist, ein gehöriges Maß an Mut. Den hat sich Buber auch im hohen Alter bewahrt.

Hannah Arendt kennzeichnet Eichmann als den typischen Nazi und folgert, daß der Nationalsozialismus von oberflächlichen, gedankenlosen Personen in Gang gehalten wurde. In diesem Zusammenhang prägt sie den Begriff der „Banalität des Bösen". Diese Art der Darstellung verletzt die Gefühle vieler Israelis und Juden in aller Welt. Siegfried Moses, der ehemalige Finanzkontrolleur des Staates Israel, greift sie im Namen des deutschen Judenrates vehement an. Ein Aufforderung, gegen sie zu predigen, wird an alle Rabbiner New Yorks verschickt.

In ihrem Buch stellt Hannah Arendt Ben Gurion als die treibende Kraft und den Regisseur des Prozesses gegen Eichmann dar. Amos Elon, einer der führenden Schriftsteller Israels, wird später zu ihren Absichten dies anmerken:

„Sie (Hannah Arendt) war entsetzt über Ben Gurions Bestreben, den Prozess im Dienst der Herstellung eines Gefühls nationaler Einheit unter einer Masse demoralisierter Immigranten zu instrumentalisieren."[296]

Solche Vorstellungen dürften auch bei Bubers Bedenken eine Rolle gespielt haben.

Doch Hannah Arendts Mißtrauen reicht weiter. Elon berichtet:

„Eine Zeitlang schien sie auch zu glauben, Ben Gurion verfolge mit dem Prozess das einzige Ziel, die deutsche Regierung zu größeren Reparationszahlungen zu nötigen. Oder daß es ein geheimes Abkommen mit Adenauer gab, jeden Verweis auf den notorischen Hans Globke zu unterbinden, der unter den Nazis den offiziellen Kommentar zu den Nürnberger Rassengesetzen verfaßt hatte und inzwischen ein hoher Beamter in Adenauers Regierung war."[297]

Zugestimmt haben dürfte ihr Buber in einem anderen Aspekt:

„Sie (Hannah Arendt) beklagte sich, daß, während das Gericht ihn (Eichmann) – absurderweise, wie sie dachte –

beschuldigte, der Architekt des Holocaust und das Gehirn dahinter zu sein, seine Hirnlosigkeit, und damit das Wesentliche, nie zur Sprache kam [...] das Böse kommt von einem Denkversagen, behauptete sie. Es widersetzt sich dem Denken, denn sobald dieses seiner habhaft zu werden und die Voraussetzungen und Prinzipien, die es hervorbringen, zu analysieren versucht, findet es sich betrogen, weil da nichts zu finden ist. Das ist die Banalität des Bösen."[298]

Der Sturm in Israel und in der jüdischen Weltgemeinde bricht deshalb mit solcher Gewalt los, weil Hannah Arendt auch eine erbitterte Anklage gegen das Verhalten der Judenräte im deutsch besetzten Europa führt. „Es wurde ihr auch vorgeworfen", berichtet Amos Elon, „sie mache die Opfer teilweise für ihre Ermordung selbst verantwortlich – ‚durch das Versäumnis Widerstand zu leisten'. In Wirklichkeit griff sie in aller Schärfe den Ankläger an, da dieser seinerseits diese herzlose Behauptung zu äußern gewagt hatte."[299]

An dies alles muß man sich erinnern, wenn man beurteilen will, was Buber riskiert, als er sich dann für eine Aussetzung des Todesurteils einsetzt. Dabei hat Bubers Haltung, wie wir von Maurice Friedman wissen, „nichts mit Nachsicht oder Vergebung zu tun. Buber empfand Eichmann gegenüber [...] nichts als Widerwillen und Horror."[300]

Am 14. Dezember 1961 sucht Ben Gurion Martin Buber in dessen Wohnung auf. Aus der Vorstellung heraus, das Gebot „Du sollst nicht töten" müsse auch für den Staat gelten, bittet Buber, das Urteil in lebenslange Haft umzuwandeln. Ben Gurion, dem es zunächst nicht zuletzt aus innenpolitischen Gründen vor allem um das Gerichtsverfahren selbst zur Erinnerung an das maßlose Verbrechen an den Juden zu tun gewesen ist, soll dabei zu erkennen gegeben haben, er sei selbst nicht fest entschlossen, die Hinrichtung Eichmanns zu befürworten. Entschlossen dazu ist jedoch der Präsident des Landes Itzhak Ben-Zwi.

Freilich kommt Bubers Vorschlag, wie man Eichmann hätte bestrafen sollen, einem unvoreingenommenen Beobachter etwas weltfremd vor, er will ihn nämlich „als ein Symbol des Holocaust auf dem Land in einem Kibbuz arbeiten und die Erde Israels bewirtschaften" lassen.[301] Nachdem Eichmann schließlich hingerichtet worden ist, nennt Buber das Ereignis einen Fehler historischen Ausmaßes.

Der Streit mit Ben Gurion entzündet sich jetzt aber mehr noch an dessen Äußerung über die israelischen Araber, denen er unterstellt, sie würden, sofern sich Gelegenheit dazu böte, dazu beitragen, Israel zu zerstören. Eine solche Meinung nennt Buber vorurteilsvoll und des Gründers des israelischen Staates nicht würdig. 1960 kommt es zu einem erneuten Konflikt, als eine Reihe von Intellektuellen ein Manifest unterschreiben, in dem sie die Regierung davor warnen, das demokratische System „durch Schmähung und Kritik und eine verächtliche Einstellung gegenüber dem Gegner" in Gefahr zu bringen. Bubers Name steht ganz oben auf der Liste derer, die das Manifest unterschrieben haben.

Es geht bei dem auslösenden Ereignis abermals um einen Spionageverdacht, diesmal gegen den ehemaligen Verteidigungsminister Pinkas Lavon. Ben Gurion antwortet reichlich unernst auf Bubers Einmischung, wenn er eine Expertenmeinung in Sachen Gott brauche, werde er sich gern an Professor Buber wenden.

Im Februar 1963 feiert Buber seinen fünfundachtzigsten Geburtstag. Ben Gurion gratuliert als „Freund, Bewunderer und Gegner" und unterzeichnet den Brief, in dem von Bubers Verdienst um die Wiedergeburt Israels die Rede ist, mit „in Liebe und Verehrung". Aber gleich darauf sind beide Männer in die Kontroverse um die Rolle des angeblich Spionage für die Sowjetunion treibenden Aharon Cohens verstrickt.

Was an all dem vorbildlich bleibt, ist die moralische Unabhängigkeit Bubers von Parteien, sein Beharren auf das Wirken des Geistes, seine Warnung vor den zersetzenden Einflüssen von Nationalismus, Militarismus und Intoleranz.

Es kommt eine Zeit, da ihm die Beschwernisse des Alters zu einer argen Last werden. Ergreifend jene Briefzeilen an die Freunde Ewald und Sophie Wasmuth aus dem November 1961:

„Man ‚fühlt sich' nicht eigentlich krank, aber benimmt man sich einmal, als ob man gesund wäre, wagt man es etwa einmal am Abend auszugehen, um Casals spielen zu hören, dann muß mans den nächsten Tag über büßen. So sitzt man denn am Schreibtisch, sitzt drauf los und liest die letzte Korrektur des letzten Bandes der ‚Schrift', – und zwischendurch setzt man sich auf die Terrasse und tut sich mit Atmen Genüge."[302]

Auch in anderen Äußerungen beschreibt Buber, wie er versucht, seinen selbst gestellten Aufgaben treu zu bleiben, und doch spürt, wie ihm die Kräfte schwinden. Es gibt viele anrührende Episoden, die vor allem Maurice Friedman schildert, der Buber, nach langjähriger Beschäftigung mit dessen Werk, in den letzten Jahrzehnten seines Lebens besonders nahesteht, seitdem sich die beiden Männer im Oktober 1951 in New York zum ersten Mal persönlich begegnet sind und Buber zu Friedman gesagt hat:

„Sie müssen nicht denken, daß ich vor allem deswegen an Ihnen interessiert bin, weil Sie ein Buch über mich geschrieben haben. Meine Bücher sind nicht das, was mir wichtig ist. Sie sind wie Schlangenhäute, die ich abstreife, wenn ich muß."[303]

Am 26. April 1965 stürzt Buber in seinem Haus in Jerusalem und muß noch in derselben Nacht operiert werden. Er besteht darauf, bald in sein Haus zurückzukehren. Eine Nierenentzündung führt zu einer Harnvergiftung.

Während Buber im Sterben liegt, streitet man im Stadtrat von Jerusalem darum, ob er, wie vom Bürgermeister vorgeschlagen, aber von der rechten Herut-Fraktion abgelehnt, die Ehrung „Freiheit der Stadt" verliehen bekommen soll. Als man ihn auf dem Sterbebett fragt, ob er denn die Auszeichnung überhaupt annehmen werde, antwortete er: „Ich weiß es noch nicht, aber laßt es sie zuerst ausfechten."[304]

Schließlich wird mit zehn zu sechs Stimmen beschlossen, ihm die Auszeichnung zu verleihen.

Kurz vor seinem Hinscheiden soll Buber zu seinem Freund Ernst Simon gesagt haben:

„Ich habe keine Angst vor dem Tod, sondern vor dem Sterben." Am 13. Juni stirbt Martin Buber und wird auf dem „Hügel der Ruhe" in Jerusalem unter großer Anteilnahme der Kollegen, Studentenschaft, des Präsidenten und Premierministers von Israel beigesetzt.

Anläßlich der Wiederkehr des 100. Geburtstages von Martin Buber findet an der Ben Gurion-Universität im Negev/Israel ein Kongreß statt, bei dem sich Experten der Buber-Forschung teilweise auch recht kritisch zu seinem facettenreichen Werk äußern.

Besonders beeindruckt hat mich dabei der Vortrag von Walter Kaufmann. Da fällt das treffende Urteil, Buber habe mit seinen Bibelstudien und seinem „Ich und Du" einen grandiosen Versuch unternommen, eine lebensfähige, humanistische Religion zu schaffen, „ein untheologisches, unhalachisches, präsinaitisches [also ein den Ursprüngen verpflichtetes, undogmatisch im Sinn von Offenheit gesehenes] Judentum".[305] Kaufmann findet als Erklärung dann den schönen erhellenden Satz: „Er wollte eine Religion, in der der einzelne Gott anreden und von Gott angeredet werden konnte, aber eine solche, in der ein Reden über Gott ausgeschlossen war."[306]

Er sei zwar an dieser hochgesteckten, faszinierenden Aufgabe gescheitert, aber ehrenvoll. Überhaupt scheut sich Walter Kaufmann nicht zu konstatieren, Buber habe auf den Hauptgebieten seiner Tätigkeit mehr oder minder Mißerfolge erlitten, aber, so lautet dennoch sein Fazit, Buber habe „das Chaos der modernen Welt in einen Kosmos gewandelt, und wer ihm begegnete, begegnete damit zugleich seiner Welt".[307]

Ein anderer Aspekt, der dabei keine Erwähnung findet, aber sich heute wieder als besonders wichtig erweist, ist der, daß er nicht abließ, Politik unter einem moralischen Gesichtspunkt zu beurteilen, daß er „das mahnende und das unbequeme Gewissen des oft überschäumend-vitalen jungen Judenstaats war" (Hans Lamm).

Es ging ihm um eine erneute gewissenhaft authentische Rezeption der Bibel – ob ihres normativen Wertes – und um die Anwendung der sich in ihrer Sprache abbildenden Ethik auf das Hier und Jetzt. Dies war sein „hebräischer Humanismus", den das folgende Zitat noch näher erläutert:

„Ich stelle den hebräischen Humanismus demjenigen jüdischen Nationalismus gegenüber und entgegen, für den Israel ein Volk wie alle Völker ist und keine andere Aufgabe hat, als sich selber zu erhalten und sich selbst zu behaupten – welches letzteres, nebenbei gesagt, auch auf kein anderes Volk zutrifft, denn ebenso wie ein Mensch, der nichts anderes wollte, als sich zu erhalten und sich zu behaupten, keinen Sinn und kein Recht des Daseins hätte, so wäre auch ein Volk, das nichts anderes wollte, wert, daß es zugrundegehe."[308] Ein hartes Urteil, aber auch eines, das all jenen den Boden entzieht, die im heutigen Israel meinen, die Traditionen des Judentums mit Hinweis auf den Willen ihres Gottes nationalistisch auslegen zu können und im Namen der Auserwähltheit über die Not und die Leichen anderer Volksgruppen hinweggehen zu dürfen.

Der Vorwurf mancher Kritiker, Buber habe sich verzettelt, indem er auf höchst verschiedenartigen Gebieten tätig geworden sei, mag seine Berechtigung haben, aber welche Wohltat ist es doch, in Bubers Schriften, wo auch immer man aufschlägt, auf Gedanken in einer Sprache zu treffen, die bedachtsam gewählt ist, einem Menschen zu begegnen, der ein Judentum verkörpert, das dank seiner Gelehrsamkeit und metaphysischen Sensibilität immer noch unsere Bewunderung zu erringen vermag, einem Denker, der auch heute, wenn man in seinen Schriften sich lesend bewegt, dem Suchenden Staunen eingibt, weil sie auf höchst verschiedenartigen Gebieten Erklärung und Rat geben oder auch nur Anregung zum Denken und Achtung vor der Würde der Sprache – einem Mensch schließlich, dessen Lebensweg wahrlich Anlaß hätte geben können, in Pessimismus zu versinken, von dessen Worten aber eher ein Glaube an die Wirkung des Geistes ausgeht.

Zeittafel

1878	am 8. Februar in Wien geboren.
1881–1895	die Eltern Karl Buber und Elise geb. Wurgast trennen sich. Buber wächst im Hause seines Großvaters Salomon Buber in Lemberg auf. Polnisches Gymnasium, erste Eindrücke vom Chassidismus.
1896	immatrikuliert an der Uni Wien (Philosophie). Theodor Herzls „*Judenstaat*" erscheint.
1898/99	Gründung einer zionistischen Ortsgruppe im Verein jüdischer Studenten durch Buber in Leipzig. Studium in Berlin. Studium in Zürich. Begegnung mit seiner späteren Frau, der Germanistikstudentin Paula Winkler. Delegierter auf dem 3. Zionistischen Kongreß in Basel.
1901	Referat auf dem 5. Zionistischen Kongreß in Basel.
1902	Gründung eines jüdischen Verlages.
1902–1904	Intensive Beschäftigung mit der jüdischen Überlieferung.
1903/04	Trennung von der zionistischen Parteiarbeit.
1904	Promotion.
1904/05	Aufenthalt in Florenz.
1904–1914	Mystische Periode. Erforschung des Chassidismus.
1906	*„Die Geschichten des Rabbi Nachman"*.
1908	*„Die Legende des Baalschem"*.
1909	*„Ekstatische Konfessionen"*.
1910	*„Reden und Gleichnisse des Tschuang Tse"*.

1911	*„Chinesische Geister- und Liebesgeschichten"*.
	„Drei Reden über das Judentum".
1913	*„Daniel – Gespräch von der Verwirklichung"*.
1914	*„Kalawala"*.
1916	Erste Entwürfe von *„Ich und Du"*.
1919	Begründung des Jüdischen Lehrhauses in Frankfurt/Main.
1923	*„Ich und Du"* in endgültiger Fassung. Anregung von Lambert Schneider zur Verdeutschung der hebräischen Bibel mit Franz Rosenzweig.
1929	Rosenzweig stirbt. Bibelübersetzung bis zum Buch Jesaja fortgeschritten.
1933	Buber legt seine Professur in Frankfurt/Main nieder und kommt so der Entziehung der Venia legendi durch die Nazis zuvor.
1935	Verbot jeglicher öffentlicher Betätigung.
1934–1937	*„Die Schrift, Übersetzung der hebräischen Bibel" in 15 Teilbänden* erscheint.
1936	*„Die Schrift und ihre Verdeutschung"*.
1938	Ausreise nach Palästina. Lehrstuhl für Sozialphilosophie in Jerusalem. Arbeit an *„Glaube der Propheten"*. Beitrag für *Die Religionen der Welt.* Antrittsvorlesung *„Die Forderung des Geistes und die geschichtliche Wirklichkeit"*.
1941	*„Gog und Magog"* erscheint hebräisch in der Zeitung „Davar".
1942	*„Der Glaube der Propheten"* erscheint in Tel Aviv.
1944	*„Moses"* erscheint in Jerusalem.
1945	*„Pfade in Utopia"* in Jerusalem vollendet.
1947	Die UNO schlägt die Trennung Palästinas in einen jüdischen und arabischen Staat vor. Buber setzt sich für einen Staat ein, in dem

	Juden und Araber gleichberechtigt sind. Erste Europareise.
1948	Proklamation des Staates Israel.
1950	Deutschsprachige Ausgabe von *„Pfade in Utopia"*.
1951	Verleihung des Hanseatischen Goethepreises in Hamburg.
1951/52	Erster Amerikaaufenthalt.
1952	„Moses" erscheint auf deutsch.
1953	Friedenspreis des Deutschen Buchhandels. Rede zum Thema „Das echte Gespräch und die Möglichkeiten des Friedens".
1956	Europareise.
1957	Amerikareise. Vier Vorlesungen in Washington an der School of Psychiatry: u. a. „Schuld und Schuldgefühle".
1958	80. Geburtstag. Erneute USA-Reise. Tod der Ehefrau Paula in Venedig.
1960	Kulturpreis der Stadt München. *„Begegnung. Autobiographische Fragmente"*.
1961	Abschluß der Verdeutschung der *„Schrift"*.
1962	*„Die Schrift"* erscheint in vier Bänden in der Bundesrepublik.
1962/64	Martin Bubers *„Werke"* erscheinen in drei Bänden.
1963	Martin Buber erhält den niederländischen Erasmus-Preis.
1964	Verleihung des Ehrendoktors durch die Universität Heidelberg.
1965	Tod am 13. Juni in Jerusalem. Posthum erscheint *„Nachlese"*.

Bibliographie und Schlußbemerkung

Werke Martin Bubers

Martin Buber: Werke I, Schriften zur Philosophie. Darin:

Daniel. Gespräche von der Verwirklichung (1913)
Ich und Du (1923)
Zwiesprache (1930)
Die Frage an den Einzelnen (1936)
Elemente des Zwischenmenschlichen (1954)
Zur Geschichte des dialogischen Prinzips (1954)
Das Problem des Menschen (1943)
Beiträge zur philosophischen Anthropologie (1962)
Gottesfinsternis (1952)
Bilder von Gut und Böse (1952)
Zwei Glaubensweisen (1950)
Reden über Erziehung (1926 f.)
Pfade in Utopia (1950)
Zwischen Gesellschaft und Staat (1950)
Die Lehre vom Tao (1910)
Die Forderungen des Geistes und die geschichtliche Wirklichkeit (1938)
Zu Bergsons Begriff der Intuition (1944)
Gandhi, die Politik und wir (1930)
Geltung und Grenze des politischen Prinzips (1951)
Aus einer philosophischen Rechenschaft (1961)

Werke II, Schriften zur Bibel. Darin:

Moses (1945)
Der Glaube der Propheten (1940)
Königtum Gottes (1932)
Der Gesalbte (1964)

Der Mensch von heute und die jüdische Bibel (1936)
Abraham der Seher (1939)
Was soll mit den zehn Geboten geschehen? (1929)
Biblisches Führertum (1933)
Weisheit und Tat der Frauen (1929)
Prophetie und Apokalyptik (1954)
Falsche Propheten (1940)
Recht und Unrecht. Deutung einiger Psalmen (1950)
Biblisches Zeugnis (1945)
Geschehende Geschichte (1933)
Die Erwählung Israels (1938)
Nachahmung Gottes (1926)
Die Götter der Völker und Gott (1941)
Biblischer Humanismus (1933)
Die Schrift und ihre Verdeutschung (1936 f.)
Elija. Ein Mysterienspiel (1963)

Werke III, Schriften zum Chassidismus. Darin:
Die jüdische Mystik (1909)
Vom Leben der Chassidim (1908)
Der Rabbi Israel ben Elieser (1927)
Die Erzählungen der Chassidim (1949)
Der Weg des Menschen nach der chassidischen Lehre (1948)
Die chassidische Botschaft (1952)
Rabbi Nachman von Bratzlaw (1906)
Der Chassidismus und der abendländische Mensch (1956)
Christus, Chassidismus, Gnosis (1954)
Mein Weg zum Chassidismus (1918)
Zur Darstellung des Chassidismus (1963)
Noch einiges zur Darstellung des Chassidismus (1963)
Gog und Magog. Eine Chronik (1943)

Weiterhin (außerhalb der Werkausgabe in drei Bänden):
Hinweise, Gesammelte Essays, Zürich 1953
Der Jude und sein Judentum, Gesammelte Aufsätze und Reden, Köln 1963
Nachlese, Heidelberg 1965

Die Schrift. Verdeutscht von Martin Buber gemeinsam mit Franz Rosenzweig, neu bearbeitete, vollendete Ausgabe in vier Bänden, Köln 1953–1962

Briefwechsel aus sieben Jahrzehnten. Hg. von Grete Schaeder, Heidelberg 1972–1973

Biographien und andere Schriften über Martin Buber

Block J. u. Gordon H. (Hg.): Martin Buber. Bilanz seines Denkens, Freiburg i. B. 1983

Friedman, Maurice: Begegnung auf dem schmalen Grat. Martin Buber – ein Leben, Münster 1999

Schilpp, Paul Arthur und Friedman, Maurice (Hg): Martin Buber (Philosophen des 20. Jahrhunderts), Stuttgart 1963.

Darin: Martin Buber: Autobiographische Fragmente.

Wehr, Gerhard: Martin Buber mit Selbstzeugnissen und Bilddokumenten, Reinbek bei Hamburg, 1968

Wehr, Gerhard: Martin Buber, Leben, Werk, Wirkung, Zürich 1996

Wer heute über Martin Buber schreibt, ist unbedingt vielen vorangehenden Biographen, Interpreten und Kommentatoren zu Dank verpflichtet. Das gilt im besonderem Maße für das dreibändige Standardwerk Maurice Friedmans „Encounter on the Narrrow Ridge: A Life of Martin Buber“, New York 1991 bzw. der deutschen Übersetzung „Begegnung auf dem schmalen Grat. Martin Buber – ein Leben“ (Münster 1999).

Mein Buch versteht sich als erste Einführung für all jene, die Person und Werk gar nicht oder nur vom Hörensagen kennen. Natürlich bleibt für die weiterführende wissenschaftliche Arbeit über Buber Maurice Friedmans bewunderungswürdiges Buch unersetzlich.

Als Vademecum empfehle ich das von Dietrich Steinwede herausgegebene Bändchen „Martin Buber – Worte für den Tag“, eine höchst weise ausgewählte Zitatensammlung, die wichtige Aspekte der Denkwelt Bubers erschließt.

An biographischen Aufsätzen möchte ich den Aufsatz von Haim Gordon „Der geborgene Ästhet" in „Martin Buber – Bilanz seines Lebens" deswegen besonders hervorheben, weil hier ein zwar kritisches, aber dennoch liebevolles Bild von Martin Buber entworfen wird, das ihn gerade auch durch die Darstellung seiner Schwächen menschlich nahebringt. Haim Gordon verdanken wir zudem auch die allerdings nur in englischer Sprache vorliegenden Interviews mit Bubers Kindern und Enkelkindern: „The other Martin Buber. Recollections of his Contemporaries", Ohio University Press 1988, die den zuvor erwähnten Aufsatz in vielen Punkten ergänzen. Barbara Hahn („Unter falschem Namen", edition suhrkamp, Bd. 1723) hat an die eigenständigen literarischen Arbeiten von Paula Buber erinnert.

Ich habe zu danken, einmal mehr Dr. Rudolf Walter, der mich ermunterte, meiner Faszination von Martin Buber und meinen Vorstellungen von der aktuellen Bedeutung seines Denkens und Handelns in der vorliegenden Art Ausdruck zu verleihen; zudem meinem Lektor Lukas Trabert, der mir unter mancherlei Aspekten dialogisch-hilfreich beistand.

Angesichts der wahrlich erschreckend bedrohlichen Situation im Verhältnis von Israelis und Arabern kann ich nicht umhin, dieses Buch mit einem „Shalom/Salam" gegen beide Volksgruppen hin zu beenden. Martin Bubers Denken und Handeln ist ein wichtiger Hinweis, wie nach allen Wirrungen und Enttäuschungen dennoch endlich Friede gefunden und bewahrt werden könnte. Ich persönlich verstehe Bubers Lebenswerk, das eines deutschen Juden, als einen Auftrag an uns, die ihm nachfolgenden Generationen, beständig und unbeirrt dafür zu sorgen, daß Antisemitismus und Fremdenfeindlichkeit in Gegenwart und Zukunft in Deutschland keine Chance mehr haben.

Limburg an der Lahn, Januar 2001

Anmerkungen

1 In Werner Kraft: Gespräche mit Martin Buber, München 1966, zitiert nach Maurice Friedman: Begegnung auf dem schmalen Grat, Martin Buber – ein Leben, Münster 1999, S. 287

2 Ebd. S. 288

3 Martin Buber: Eine philosophische Rechenschaft, 1961, in: Martin Buber: Band I, Schriften zur Philosophie, München – Heidelberg 1962, S. 1114

4 Martin Stöhr: Gründe, Martin Buber neu zu entdecken, in: Maurice Friedman: Begegnung auf dem schmalen Grat, Martin Buber – ein Leben, Münster 1999, S. 559

5 Ebd. S. 550

6 Martin Buber: Die jüdische Mystik, in: Die Geschichten des Rabbi Nachman, Gütersloh 1999, S. 23

7 Robert Weltsch: Bubers politische Philosophie, in: Paul Arthur Schilpp und Maurice Friedman (Hg.): Martin Buber (Philosophen des XX. Jahrhunderts), Stuttgart 1963, S. 391

8 Martin Buber: Geltung und Grenze des politischen Prinzips, in: „Hinweise", 1953, S. 342 f.

9 James Muilenberg: Buber als Interpret der Bibel, in: Arthur Schilpp und Maurice Friedman (Hg.): Martin Buber, a. a. O. S. 364

10 Maurice Friedman: Begegnung auf dem schmalen Grat, a. a. O. S. 15

11 Die Schriftwerke, verdeutscht von Martin Buber, Stuttgart 1992, Bd. 4, S. 9

12 Martin Buber: Autobiographische Fragmente, in: Martin Buber, herausgegeben von Paul Arthur Schilpp und Maurice Friedman, Stuttgart 1963, S. 4

13 Ebd. S. 5

14 Martin Buber: Autobiographische Fragmente, a. a. O. S. 1–2

15 Hermann Cohen in: Die jüdische Welt von gestern, Text- und Bild-Zeugnisse aus Mitteleuropa 1860–1938, herausgegeben von Rachel Salamander, München 1988, S. 74

16 Martin Buber: Autobiographische Fragmente, a. a. O. S. 2–3

17 Zu erwähnen wären außerdem die Schriften zum Chassidismus, die freilich eher als „Nachdichtungen" zu bezeichnen sind, sowie die „Lehre vom Tao" (1910), „Tschuang-tse, Reden und Gleichnisse" (1910), „Chinesische Geister- und Liebesgeschichten" (1911), „Kalewala, das Nationalepos der Finnen" (1913) und „Die vier Zweige des Mabinogi, ein keltisches Sagenbuch" (1914).

18 Martin Buber: Autobiographische Fragmente, a. a. O. S. 3–4

19 Bar Mizwa, wörtlich „Sohn der Pflicht". Die Bar-Mizwa-Feier findet am Sabbat, der dem 13. Geburtstag des Jungen folgt, statt. Dann wird er in der Öffentlichkeit der Synagoge zum ersten Mal zur Thora-Lesung aufgerufen. Die Rede (Lehrvortrag) besteht gewöhnlich in einer kleinen Auslegung (Derascha) des Thoratextes und wird von ihm nicht in der Synagoge, sondern im Kreis von Verwandten und Freunden der Familie gehalten.

20 Maurice Friedman: Begegnung ..., a. a. O. 1999, S. 30

21 Hermann Blumenthal: Knabenalter (2. Teil der Trilogie „Der Weg der Jugend"), Berlin 1908, in: „Die jüdischen Welt von gestern", a. a. O. S. 96

22 Haim Gordon: Der geborgene Ästhet – eine neue Deutung von Bubers Leben, in: Jochanan Bloch u. Haim Gordon (Hg.): Martin Buber – Bilanz seines Denkens, Freiburg i. Br. 1983, S. 45 ff.

23 Ebd. S. 46 f.

24 Martin Buber: Autobiographische Fragmente, a. a. O. S. 7

25 Ebd.

26 Zitiert nach Ernst Simon: Martin Buber, der Erzieher, in: „Martin Buber, herausgegeben von Paul Arthur Schilpp und Maurice Friedman, a. a. O. S. 480 f.

27 Martin Buber: Autobiographische Fragmente, a. a. O. S. 9

28 Gerhard Wehr: Martin Buber – Leben, Werk, Wirkung, Zürich 1991, S. 88 f.

29 Joachim Riedl: Die Geburt der Moderne aus ihrem Widerspruch, in: Die jüdische Welt von gestern, a. a. O. S. 114

30 Ebd. S. 115
31 Martin Buber: Autobiographische Fragmente, a. a. O. S. 10
32 Ebd. S. 10–11
33 Ebd. S. 12
34 Maurice Friedman: Begegnung ..., a. a. O. S. 48
35 Martin Buber: Briefwechsel aus sieben Jahrzehnten, I: 1897–1918, Heidelberg 1972, S. 156
36 Maurice Friedman: Begegnung ..., a. a. O. S. 38
37 Ahron Eliasberg: Aus Martin Bubers Jugendzeit, Erinnerungen, in: Blätter des Heine-Bundes, Berlin i. Jh., H.1, 1929, S. 1–3
38 Martin Buber: Autobiographische Fragmente, a. a. O. S. 13
39 In „Die jüdische Welt von gestern", a. a. O. S. 272
40 Zitiert nach Werner Keller: Und wurden zerstreut unter alle Völker. Die nachbiblische Geschichte des jüdischen Volkes, München 1966, S. 488
41 Werner Keller: Und wurden verstreut unter alle Völker, a. a. O. S. 483
42 Ebd. S. 484
43 Martin Gregor-Dellin: Richard Wagner – sein Leben, sein Werk, sein Jahrhundert, München 1980, S. 766
44 J. L. Pinsker: Autoemanzipation, 1882/1920. S. 15 f., zitiert nach: Die Jüdische Welt, Offenbarung, Prophetie und Geschichte, herausgegeben von Elie Kedourie, Frankfurt/Main 1980, S. 318
45 Die Zahlen sind entnommen: Ben Gurion (Hg.): Die Juden in ihrem Land. Die Geschichte des Volkes Israel von den Anfängen bis in unsere Zeit, Würzburg 1967, S. 278
46 Gemeint ist Theodor Herzls „Der Judenstaat"
47 Stefan Zweig, Die Welt von gestern, Stockholm 1944, zitiert nach: Die jüdische Welt von gestern, a. a. O. S. 276
48 Wilma Iggers, zitiert nach: Die jüdische Welt von gestern. a. a. O. S. 276
49 Theodor Herzl: Tagebuch, 3. September 1897, in: Die Juden in ihrem Land, a. a. O. S. 279
50 Martin Buber: Briefe I, S. 153–154
51 Maurice Friedman: Begegnung auf dem schmalen Grat, a. a. O. S. 47
52 Maurice Friedman: Begegnung ..., a. a. O. S. 58

53 Briefe I, a. a. O. Einleitung von Grete Schaeder, S. 32

54 Martin Buber: Der Jude und sein Judentum – Gesammelte Aufsätze und Reden, Köln 1963, Theodor Herzl (Nachruf 1904), S. 782

55 Haim Gordon: Der geborgene Ästhet, in: Martin Buber – Bilanz seines Lebens, Freiburg i. Br. 1983, S. 49

56 Ebd. S. 49

57 Martin Buber: Briefe I, a. a. O. S. 169

58 Wiederabdruck in: München ehrt Martin Buber, München 1961, S. 15 f.

59 Ebd. S. 38; das Gedicht stammt aus dem Jahr 1949

60 Aus „Die Frage an den Einzelnen" (1936), in Martin Buber: Werke I, S. 240

61 Martin Buber: Briefe I, a. a. O. S. 177

62 Martin Buber: Werke I, S. 240

63 Martin Buber: Vorwort zu Georg Munk (d. i. Paula Buber): Geister und Menschen, München 1961. Zitiert nach Gerhard Wehr: Martin Buber – Leben, Werk, Wirkung, Zürich 1991, S. 66

64 Albrecht Goes: Erinnerungen an Martin Buber, in: Die Neue Rundschau, 79 Jg. 1968, Heft 3, S. 452

65 Haim Gordon: The other Martin Buber, Recollections of his Contemporaries, Interview mit Judith Agassi-Buber, Ohio University Press 1988, S. 22 f.

66 In „Die Welt" Nr. 36, 6. 9. 1901. Nachdruck in: München ehrt Martin Buber, München 1961, S. 13–19 f.

67 Martin Buber, Briefe I, a. a. O. S. 168

68 Haim Gordon: The other Martin Buber. Recollection of his Contemporaries, a. a. O. S. 21

69 Ebd. S. 22

70 Martin Buber: Briefe I, a. a. O. S. 230

71 Martin Buber: Brief I, a. a. O. S. 185

72 Martin Buber: Werke III, Schriften zum Chassidismus, München – Heidelberg 1963, S. 968

73 Maurice Friedman: Begegnung auf dem schmalen Grat, Martin Buber – ein Leben, a. a. O. S. 81

74 Martin Buber: Mein Weg zum Chassidismus, in: Werke III, a. a. O. S. 961

75 Ebd. S. 968
76 Ebd. S. 963
77 Ebd. S. 966
78 Ebd. S. 967
79 Rafael Buber: Die Buber Familie, in: Werner Licharz (Hg.): Dialog mit Martin Buber, Arnoldshain 1982 (Arnoldshainer Texte 7), S. 347 f.
80 Haim Gordon: Der geborgene Ästhet, in: Martin Buber: Bilanz seines Lebens, a. a. O. S. 50–52
81 Gustav Landauer: Vor fünfundzwanzig Jahren, 1913. Wiederabdruck in „Auch die Vergangenheit ist Zukunft, Essays zum Anarchismus", hg. von S. Wolf, Frankfurt/Main 1989. Zitiert nach Lexikon der Anarchie, Bösdorf 1993, Stichwort „Landauer"
82 Martin Buber: Mein Weg zum Chassidismus, Frankfurt/Main 1918, in: Werke III, S. 962
83 Martin Buber: Die chassidische Botschaft, Heidelberg 1952, in Werke III, S. 748, 754
84 Martin Buber: Mein Weg zum Chassidismus, a. a. O. S. 964
85 Martin Buber: Die Erzählungen der Chassidim, in: Werke III, S. 84
86 Die Geschichten des Rabbi Nachman, nacherzählt von Martin Buber, Gütersloh 1999, S. 13
87 Martin Buber: Die Erzählungen der Chassidim, in: Werke III, S. 81
88 Die Geschichten des Rabbi Nachman, nacherzählt von Martin Buber, Gütersloh 1999, S. 17
89 Martin Buber: Die Erzählungen der Chassidim, in: Werke III, S. 90
90 Die Geschichten des Rabbi Nachman, nacherzählt von Martin Buber, Gütersloh 1999, S. 22
91 Ebd. S. 23
92 Martin Buber: Die Brennpunkte der jüdischen Seele, zitiert nach: Der Jude und sein Judentum, a. a. O. S. 207
93 Martin Buber: Gog und Magog, Gerlingen 1949, editorischer Anhang 1993, S. 420 f.
94 Die Geschichten des Rabbi Nachman, nacherzählt von Martin Buber, a. a. O. S. 28
95 Ebd.

96 Ebd. S. 31

97 Ebd.

98 Ebd. S. 33

99 Ebd.

100 Ebd. S. 35

101 Ebd. S. 45

102 Martin Buber: Der heilige Weg. Ein Wort an die Juden und an die Völker. Dem Freunde Gustav Landauer aufs Grab, Frankfurt/Main 1919

103 Gustav Landauer: Die Revolution, Frankfurt/Main, 1907, zitiert nach Martin Buber: Pfade in Utopia, Heidelberg 1950, S. 89 f.

104 Martin Buber: Pfade in Utopia, Heidelberg 1950, S. 93 f.

105 Ebd. S. 94

106 Ebd.

107 Martin Buber: Pfade in Utopia, Heidelberg 1950, S. 99

108 Siegbert Wolf: Martin Buber, in: Lexikon der Anarchie, Bösdorf, 1993, Stichwort „Martin Buber".

109 Martin Buber: Briefe I, a. a. O. S. 371. Das erste Zitat stellt eine idealistisch umgeformte Anspielung auf Zecharja 4,6, das zweite eine auf Dantes „Das neue Leben" dar.

110 Zitiert nach Maurice Friedman: Begegnung auf schmalen Grat ..., a. a. O. S. 127

111 Ebd. S. 134

112 Zitiert nach Werner Fuld: Walter Benjamin – Zwischen den Stühlen, Frankfurt/Main 1981, S. 72

113 Walter Benjamin: Briefe, ed. G. Scholem und Th. W. Adorno, Frankfurt/Main 1966, S. 126 f.

114 Ebd. S. 127

115 Werner Fuld: Walter Benjamin, a. a. O. S. 73

116 Haim Gordon: Der geborgene Ästhet, in: Martin Buber, Bilanz seines Denkens, Freiburg i. Br. 1983, S. 54

117 Zitiert nach Maurice Friedman, Begegnung auf dem schmalen Grat ... a. a. O. S. 152

118 Buber ist am 21. 2., am Tag der Ermordung Eisners, aus München abgereist.

119 Martin Buber: Briefe II, a. a. O. S. 29

120 In: Briefe an Auguste Hauschner, hg. von Martin Beradt und Lotte Bloch-Zavel, Berlin 1929

121 Gemeint ist damit wohl der Einsatz der eigenen Physis im Unterschied zum geistigen Entwurf.

122 Martin Buber / Carl Rogers: The Dialogue. A New Transcript with Commentary, Rob Anderson and Kenneth N. Cissna, Albany 1997, S. 23

123 Maurice Friedman: Begegnung auf dem schmalen Grat ..., a. a. O. S. 161

124 Martin Buber: Briefwechsel I, a. a. O. S. 308 und S. 311

125 Martin Buber: Briefe I, a. a. O. Vorwort. S. 86

126 Martin Buber: Briefe I, a. a. O. S. 103

127 Franz Rosenzweig: Hegel und der Staat, 1920, Bd. 2, S. 169 ff.

128 Stéphane Mosès: Der Engel der Geschichte, Franz Rosenzweig, Walter Benjamin, Gershom Scholem, Frankfurt/Main 1994, S. 28

129 Ebd. S. 29

130 Ebd. S. 63

131 Ebd. S. 41

132 Ebd. S. 48

133 Ebd. S. 47

134 Ebd. S. 48

135 Maurice Friedman: Begegnung, a. a. O. S. 201

136 Zitiert nach: Gerhard Wehr: Martin Buber, a. a. O. S. 169

137 Franz Rosenzweig: Briefe, Berlin 1935, S. 461

138 In: Lexikon der Anarchie, a. a. O. Stichwort „Martin Buber", Äußere Daten

139 So skizziert von Gerhard Wehr in: Martin Buber, rororo Bildmonographien, Reinbek bei Hamburg 1968, S. 81

140 Die Umwandlung europäischer Vornamen in eine hebräische Form ist bei nach Palästina ausgewanderten Juden häufig.

141 In: Haim Gordon: The Other Martin Buber, S. 4 f.

142 Ebd. S. 20

143 Ebd. S. 7 f.

144 Ebd. S. 10 f.

145 Ebd. S. 20 f.

146 Ebd. S. 23 f.

147 Martin Buber: Werke I, S. 79
148 Martin Buber: Werke. Erster Band, zitiert nach: „Ich und Du", Köln 1966, S. 12
149 Martin Buber: Zwiesprache, Traktat vom dialogischen Leben. Zunächst erschienen 1932 bei Schocken. Hier zitiert nach der Ausgabe bei Lambert Schneider, Heidelberg 1978, S. 27
150 Ebd. S. 28
151 Martin Buber: Ich und Du, Köln 1966, S. 43
152 Ebd. S. 49
153 Siegbert Wolf: Martin Buber zur Einführung, Hamburg 1992, S. 152
154 Steven Katz: Die Erkenntnistheorie des Ich – Du, in: Martin Buber – Bilanz seines Denkens, Freiburg i. Br. 1983, S. 111
155 Martin Buber: Werke I, München 1962, S. 100
156 Ebd. S. 128.
157 Martin Buber: Ich und Du, a. a. O. S. 57 f.
158 Ebd. S. 91
159 Siehe dazu: Steven Katz, a. a. O. S. 114 f.
160 Martin Buber: Ich und Du, Hegner Bücherei, Köln 1962, S. 136
161 Siegbert Wolf: Martin Buber zur Einführung, a. a. O. S. 156
162 Martin Buber: Autobiographische Fragmente, a. a. O. S. 58
163 Ebd.
164 Martin Buber: Autobiographische Fragmente, a. a. S. 59 f.
165 Ebd.
166 Mit Ausnahme der Nazizeit, als die Teilnahme für Buber ein Akt der Solidarität gegenüber seinen jüdischen Mitbürgern war.
167 Walter Kaufmann: Bubers Fehlschläge und sein Triumph, in: Martin Buber – Bilanz seines Denkens, a. a. O. S. 38
168 Martin Buber: Biblischer Humanismus, in: Werke II, S. 1087 ff.
169 Martin Buber: Antwort, in: Paul Arthur Schilpp u. Maurice Friedman (Hg.) a. a. O. S. 622
170 Albrecht Goes: Wagnis der Versöhnung, Leipzig 1959, S. 53
171 Martin Buber, gemeinsam mit Franz Rosenzweig: Die Schrift 1, Gerlingen 1976, Anhang: Die Verdeutschung, S. 12
172 Martin Buber: Werke II, a. a. O. S. 849

173 Ebd. S. 852

174 Ebd. S. 853

175 Ebd. S. 856–857

176 Lambert Schneider: Meine erste Begegnung mit Martin Buber, in: 75 Jahre Sachse und Heintzelmann. Ein kleiner Almanach zum 1. November 1955, hg. v. Margarete Jockusch, Hannover 1955, S. 21–24

177 Gerhard Wehr: Martin Buber – Leben, Werk, Wirkung, Zürich 1996, S. 180

178 Ebd. S. 183

179 Martin Buber: Die Schrift I, Anhang: Verdeutschung der Schrift, S. 39

180 Ebd. S. 8 f.

181 Martin Buber: Werke I, Das Wort, das gesprochen wird, a. a. O. S. 443

182 Martin Buber: Die Schrift I, Die Verdeutschung der Schrift, S. 15

183 Martin Buber: Werke II, S. 861

184 Martin Buber: Werke II, S. 1096

185 Gerhard Wehr: Martin Buber, rororo Bildmonographien, a. a. O. S. 108

186 Martin Buber: Die Schrift I, a. a. O. Anhang: Zu einer Verdeutschung der Schrift, S. 28 f.

187 Maurice Friedman: Begegnung ..., a. a. O. S. 205

188 Haim Gordon: The other Buber, a. a. O. 1988, S. 12–13

189 J. Muilenberg: Buber als Bibel-Interpret, in: Schilpp/Friedman, (Hg.) Martin Buber (Philosophen des 20. Jahrhunderts) a. a. O. S. 364

190 Christophorus Wort (CH 88008), MusiContacts GmbH, Heidelberg, darauf: „Begebenheit der Urzeit, Könige und Propheten, Schau und Verkündigung, der Beter spricht". Insgesamt 74 Minuten

191 Stéphane Mosès: Der Engel der Geschichte, Franz Rosenzweig, Walter Benjemain, Gershom Scholem, Frankfurt/Main 1994, S. 163

192 Martin Buber: Briefe II, S. 371

193 Ebd. S. 372

194 Zitiert nach Gehard Wehr: Martin Buber – Leben, Werk, Wirkung, a. a. O. S. 342

195 Maurice Friedman: Begegnung ..., a. a. O. S. 263

196 Vgl. Friedman: Begegnung ..., a. a. O. S. 287

197 Maurice Friedman: Begegnung ..., a. a. O. S. 271

198 Ebd.

199 Paul Arthur Schilpp u. Maurice Friedman (Hg.): Martin Buber, a. a. O. S. 621 f.

200 Martin Buber: Briefe II, a. a. O. S. 479

201 Martin Buber: Die Kinder, zitiert nach Maurice Friedman: Begegnung ..., a. a. O. S. 266

202 Haim Gordon: The other Buber, a. a. O. S. 18

203 Martin Buber: Briefwechsel II, a. a. O. S. 553

204 Maurice Friedman: Begegnung ..., a. a. O. S. 307

205 Haim Gordon: Der geborgene Ästhet, a. a. O. S. 58

206 Martin Buber: Der Jude und sein Judentum – Gesammelte Aufsätze und Reden, Köln 1963, S. 641, 630

207 Kamil Jalil Asali: Jerusalem in der Geschichte – Zu den Ursprüngen der Stadt und ihrer Tradition der Toleranz, Lettre, Heft 51, S. 22 ff.

208 Ebd.

209 Colin Thubron: Jerusalem, London 1969. Zitiert nach Kamil Jalil Asali, a. a. O. S. 21

210 A. L. Sachar: History of Jews, New York 1967. Zitiert nach Kamil Jalil Asali, a. a. O. S. 22

211 Zitiert nach Kamil Jalil Asali, a. a. O. S. 22

212 Martin Buber: Die Forderung des Geistes und die geschichtliche Wirklichkeit, Hinweise – Gesammelte Essays, Zürich 1953, S. 136

213 Martin Buber: Der Jude und sein Judentum. Gesammelte Aufsätze und Reden, Köln 1963, S. 636

214 Maurice Friedman: Begegnung ..., a. a. O. S. 326

215 Maurice Friedman: Begegnung ..., a. a. O. S. 335

216 Walter B. Goldstein: Martin Buber. Gespräche, Worte, Briefe, Jerusalem 1967, S. 300. Zitiert nach Maurice Friedman: Begegnung, a. a. O. S. 335

217 Haim Gordon: Der geborgene Ästhet, a. a. O. S. 58 f.

218 Werke III, S. 1259

219 Maurice Friedman, Begegnung ..., a. a. O. S. 339

220 Erik Voegelin: Ordnung, Bewußtsein, Geschichte. Späte Schriften – eine Auswahl. Herausgegeben von Peter J. Opitz, Stuttgart 1988, S. 21

221 Martin Buber: Werke II, Schriften zur Bibel, Moses, Vorwort, a. a. O. S. 11

222 Ebd. S. 14–15

223 Ebd. S. 19

224 Sigmund Freud: Der Mann Moses und die monotheistische Religion. Schriften über die Religion, Frankfurt/Main 1975

225 Ebd. S. 25

226 Martin Buber: Werke II, a. a. O. S. 42

227 Martin Buber: Werke II, a. a. O. S. 46

228 Siehe dazu auch Th. C. Vriezen, 'Ehje 'ašer 'ehje, in: Festschrift Bertholet 1950, S. 508. „Es ist die Zusicherung Gottes, daß Er immer gegenwärtig" ist.

229 Martin Buber: Werke II, a. a. O. S. 65

230 Ebd. S. 69

231 Martin Buber: Werke II, a. a. O. S. 132

232 Ebd.

233 Ebd. S. 134

234 Ebd. S. 134–135

235 Ebd. S. 142

236 Ebd.

237 Ebd. S. 147

238 Ebd. S. 150

239 Ebd S. 152

240 Ebd.

241 Ebd. S. 155

242 Ebd.

243 Ebd. S. 186

244 Ansprache Bubers vor den amerikanischen Freunden von Ibud 1958. Zitiert nach Maurice Friedman: Begegnung ..., a. a. O. S. 503

245 Maurice Friedman: Begegnung ..., a. a. O. S. 345

246 Ebd.

247 Zitiert nach Gerhard Wehr: Martin Buber – Leben, Werk, Wirkung, Zürich 1991, S. 325

248 Maurice Friedman: Begegnung ..., a. a. O. S. 359–360

249 Walter Goldstein: Martin Buber, Gespräche, Briefe, Worte, Jerusalem 1997, S. 104 f.
Maurice Friedman: Begegnung ..., a. a. O. S. 355 f.

250 Maurice Friedman: Begegnung ..., S. 355 f.

251 Maurice Friedman: Begegnung ..., S. 355

252 Martin Buber, Briefwechsel III, a. a. O. S. 161

253 Ebd.

254 Zitiert nach Maurice Friedman: Begegnung ..., a. a. O. S. 361

255 Martin Buber: Briefe III, S. 162

256 Maurice Friedman, Begegnung ..., a. a. O. S. 361

257 Martin Buber: Werke I, Zwei Glaubensweisen, S. 660

258 Martin Buber: Der Jude und sein Judentum, Gesammelte Aufsätze und Reden, Köln 1963, S. 541 f.

259 Maurice Friedman: Begegnung ..., a. a. O. S. 506

260 Martin Buber, Text der Rede auf der Ideologischen Konferenz im August 1957, Martin Buber-Archiv, Jerusalem

261 Maurice Friedman: Begegnung ..., a. a. O. S. 508

262 Martin Buber: Briefe III, a. a. O. S. 249

263 Ebd. S. 310

264 Martin Buber: Rede zum Friedenspreis 1953, Börsenverein deutscher Verleger- und Buchhändler-Verbände, Frankfurt/Main, S. 34

265 Martin Buber: Friedenspreisrede 1953, Börsenverein deutscher Verleger- und Buchhändler-Verbände, Frankfurt/Main, S. 41

266 Martin Buber: Brief II, a. a. O. S. 548

267 Albert Goes: Erinnerungen an Martin Buber, Neue Rundschau 1968, Heft 3, S. 449

268 Zitiert nach Maurice Friedman: Begegnung ..., a. a. O. S. 403

269 Emil Brunner: Martin Buber, Judentum und Christentum bei Martin Buber, in Schilpp/Friedman: Martin Buber, Philosophen des XX. Jahrhunderts, Stuttgart 1963, S. 305

270 Martin Buber: Der Jude und sein Judentum, Köln 1963, S. 211

271 Ebd.

272 Maurice Friedman: Begegnung ..., a. a. O. S. 388

273 Leonhard Ragaz (1868–1945) Münsterpfarrer in Basel, seit 1908 Theologieprofessor in Zürich, dialektischer Theologe

und Vertreter eines religiösen Sozialismus, Verfechter des Völkerbundgedankens und engagiert in der internationalen Friedensbewegung, war ein langjähriger Gesprächs- und Briefpartner Bubers in Fragen der Gemeinsamkeiten und der Unterschiede von Judentum und Christentum.

274 Zitiert nach Maurice Friedman: Begegnung ..., a. a. O. S. 372

275 Zitiert nach Maurice Friedman, Begegnung ..., a. a. O. S. 446

276 Siehe dazu: Martin Buber im Gespräch mit Carl R. Rogers, in: Integrative Therapie, Jg. 18, H. 21 (1992)

277 Maurice Friedman: Begegnung ..., a. a. O. S. 448

278 Ebd.

279 Martin Buber: Briefe III, S. 467

280 Martin Buber: Briefe I, a. a. O. S. 137–138

281 Zitiert nach Gerhard Wehr: Martin Buber – Leben, Werk, Wirkung, a. a. O. S. 342

282 Gershom Scholem: An einem denkwürdigen Tag, in: Judaica I. Frankfurt/Main 1963, S. 209

283 Martin Buber: Die Schriftwerke, 4, a. a. O. Schlußbemerkungen, 23

284 Ebd.

285 Gershom Scholem: Die jüdische Mystik in ihren Hauptströmungen, Rhein Verlag, Zürich 1957

286 Zitiert nach Gerhard Wehr: Martin Buber – Leben, Werk, Wirkung, a. a. O. S. 384

287 Gerhard Wehr: Martin Buber – Leben, Werk, Wirkung, Zürich 1996, S. 384

288 Martin Buber, herausgegeben von Paul Arthur Schilpp und Maurice Friedman, a. a. O. S. 627

289 Gershom Scholem: Die jüdische Mystik in ihren Hauptströmungen, Zürich 1957, S. 370 ff.

290 Ebd. S. 345

291 Martin Buber, herausgegeben von Paul Arthur Schilpp und Maurice Friedman, a. a. O. S. 627 f.

292 Walter Kaufmann: Bubers Fehlschläge und sein Triumph, in: Martin Buber. Bilanz seines Denkens, a. a. O. S. 35 f.

293 Martin Buber, Erinnerung an Hammarskjöld. Rede für den Schwedischen Rundfunk, in: Nachlese, S. 34.

294 Martin Buber: Nachlese, Heidelberg 1965 u. 1993, S. 216 f.

295 Martin Buber gegenüber dem amerikanischen Magazin „Newsweek" im März 1962

296 In: Amos Elon: Das Böse und seine „Banalität". In: Du, Oktober 2000, S. 28 ff.

297 Ebd. S. 29

298 Ebd.

299 Ebd.

300 Maurice Friedman: Begegnung ..., a. a. O. S. 515

301 Ebd. S. 516

302 Martin Buber: Briefe III, a. a. O. S. 528

303 Maurice Friedman: Begegnung ..., a. a. O. S. 410

304 Ebd. S. 544

305 In: Martin Buber – Bilanz seines Denkens, a. a. O. S. 37

306 Ebd. S. 38

307 Ebd. S. 39

308 Martin Buber: Hebräischer Humanismus, in: Der Jude und sein Judentum, a. a. O. S. 739